laroyê
cartas para exu

Org. Juliana Berlim e Julio Ludemir

laroyê
cartas para exu

Org. Juliana Berlim e Julio Ludemir

©Malê e ©Flup, 2024.
Todos os direitos reservados e protegidos pela Lei n. 9.610, de 12.2.1998.
É proibida a reprodução total ou parcial sem a expressa anuência da editora.

Editora Malê
Direção editorial
Francisco Jorge e Vagner Amaro

Laroyê: cartas para exu
ISBN: 978-65-85893-25-1

Edição
Francisco Jorge

Preparação e Revisão
Rose Campos

Ilustração e capa
Senegambia

Projeto gráfico miolo e diagramação
Ale Santos

Direção Geral - Flup
Julio Ludemir

Direção de produção - Flup
Andrea Borges

Coordenação de Comunicação - Flup
Teresa Dantas

Direção Institucional - Flup
Joanna Savaglia

Direção Financeira - Flup
Janaína Martins

Proponente - Flup
Associação Na Nave

Este livro foi revisado segundo o Acordo Ortográfico da Língua Portuguesa de 1990, em vigor no Brasil desde 2009.

```
        Dados Internacionais de Catalogação na Publicação (CIP)
              (Câmara Brasileira do Livro, SP, Brasil)

         Laroyê : cartas para Exu / organização Juliana
      Berlim , Julio Ludemir. -- Rio de Janeiro :
      Malê Edições, 2024.

         Vários autores.
         ISBN 978-65-85893-25-1

         1. Cartas - Coletâneas 2. Exu (Orixá) 3. Religiões
      afro-brasileiras I. Berlim, Juliana. II. Ludemir,
      Julio.

   24-237251                                           CDD-299.6
                   Índices para catálogo sistemático:

         1. Exu : Orixás : Religiões de origem africana    299.6

         Eliete Marques da Silva - Bibliotecária - CRB-8/9380
```

Editora Malê
Rua Acre, 83/ 202 - Centro. Rio de Janeiro – RJ CEP: 20.081-000
www.editoramale.com.br
contato@editoramale.com.br

SUMÁRIO

carta 01 | adriana rolin 12
carta 02 | aldene rocha 14
carta 03 | ana paula furtado 16
carta 04 | ana paula nogueira 18
carta 05 | anelise martins 20
carta 06 | arô 22
carta 07 | bárbara pinheiro 24
carta 08 | beatriz cardozo 26
carta 09 | beth lobo 28
carta 10 | bia montenegro 30
carta 11 | bruna do prado 32
carta 12 | camila carvalho 34
carta 13 | camila nascimento 36
carta 14 | carla arouca 38
carta 15 | carla rocha 40
carta 16 | carmen felippe 42
carta 17 | carmen macedo 44
carta 18 | carol delgado 46
carta 19 | carolina da silva santos 48
carta 20 | caroline ferreira 50
carta 21 | clara anastácia 52
carta 22 | cristiane souza 54
carta 23 | débora clímaco 56

carta 24 | denise lima 58
carta 25 | elaine brito 60
carta 26 | elaine nunes ferreira 62
carta 27 | eli.s. 64
carta 28 | eloisa maranhão 66
carta 29 | evandro luiz da conceição 68
carta 30 | fabiana fernandes de campos 70
carta 31 | frekwéncia 72
carta 32 | gabiá santos 74
carta 33 | geisa ferreira 76
carta 34 | giovana de carvalho de carvalho 78
carta 35 | hércules da luz coelho 80
carta 36 | ifasayo aworeni 82
carta 37 | igor simões 84
carta 38 | jaqueline sant'ana 86
carta 39 | joão di sá 88
carta 40 | joel pires marques filho 90
carta 41 | joyce rangel 92
carta 42 | juliana correia 94
carta 43 | juliana neris 96
carta 44 | juliana sá 98
carta 45 | karine rocha 100
carta 46 | keila gomes 102
carta 47 | keith ferreira 104
carta 48 | kerol santana 106
carta 49 | laís furtado 108
carta 50 | lívia florença callado 110

carta 51 | luara d'oyá 112
carta 52 | luciana sirimarco 114
carta 53 | magna domingues torres 116
carta 54 | marcelo arminda da conceição 118
carta 55 | maria eduarda burchardt 120
carta 56 | mariana souza 122
carta 57 | miguel suzarte 124
carta 58 | monike d'alencar 126
carta 59 | natara ney 128
carta 60 | nathalia augusto 130
carta 61 | nathália damasceno victoriano 132
carta 62 | patrick josé 134
carta 63 | penha 136
carta 64 | priscilla raibott 138
carta 65 | rachel marques carvalho 140
carta 66 | rainha do verso 142
carta 67 | renan vivas zanotto 144
carta 68 | rodrigo dos santos 146
carta 69 | sara paixão 148
carta 70 | selma maria 150
carta 71 | selminha ray 152
carta 72 | sereiano 154
carta 73 | sofia hering kvacek 156
carta 74 | sylvia arcuri 158
carta 75 | valéria nascimento 160
carta 76 | vitória machado da costa (preta lírica) 162
carta 77 | viviane penha 164

apresentação

Essas 77 cartas para Exu tinham como objetivo selecionar o grupo que nos acompanharia nas visitas a sete terreiros de candomblé na Região Metropolitana do Rio de Janeiro, em busca de histórias narradas por ialorixás sobre as yabás e a pomba-gira que reinam no egbe de cada um desses ilês. Mas a relevância desses textos-quase-poemas inverteu a premissa, num malabarismo típico de Exu, para quem fim e começo não existem, apenas o tempo e suas espirais. O que seria o ponto de partida de uma jornada se tornou seu ponto de chegada. E aqui estamos com mais um livro da Flup, que talvez seja aquele com menos interferências nossas. O que temos aqui é puro suco do talento periférico.

Tanto a quantidade quanto a qualidade das cartas nos trouxeram um grande desafio para a escolha do grupo de 49 pessoas que, ao final da maratona dos terreiros, seriam divididas em sete grupos de orientação – Ana Paula Lisboa, Angélica Ferrarez, Janaína Oliveira, Luciana Diogo, Luciany Aparecida, Mãe Flávia Pinto e Ryane Leão, que foram de uma generosidade só comparável à das sete mães de santo que nos acolheram em tardes intermináveis, sempre com os braços abertos e uma mesa farta de comida. Não foi diferente nossa angústia ao ampliarmos o número de cartas a serem publicadas, de 49 para 77. As cartas anteciparam o sucesso do processo formativo com o qual propusemos um diálogo com o feminismo de terreiro, talvez uma das grandes novidades políticas do Brasil, ainda que ancestral.

Apesar do desejo de dialogar com o feminismo de terreiro, formamos um grupo heterogêneo, com a presença de alguns homens e até de algumas pessoas não negras, de certa forma em conflito com uma tradição que iniciamos no mínimo em 2020. A comissão que selecionou as cartas (obrigado, Juliana Berlim, Teresa Dantas, Vanessa Pereira e Sueka) entendeu que o terreiro é um espaço de acolhimento, uma das poucas religiões no mundo que não tem preconceito de nenhuma espécie, a começar pelo forte protagonismo das yabás na cosmogonia iorubá e, acima de tudo, pelo poder que as ialorixás exercem tanto em suas comunidades quanto em seu entorno. Que outra religião se organizaria em torno das tias, essa instituição tão carioca, que traduz o afeto e a gratidão que o povo preto tem pelas suas mais-velhas? Que outra religião abriria as portas para a comunidade LGBTQIA+, identificada com os terreiros a ponto de seu dialeto, o pajubá, ter extraído centenas de palavras diretamente do iorubá?

Não à toa, o índice de evasão deste processo formativo foi zero, com todos os 49 participantes enfrentando a maratona dos terreiros e, acima de tudo, empenhados na transformação/tradução dos itás das yabás em histórias para nosso próximo livro, a ser lançado no início de 2025. Havia um entusiasmo e um desejo de estar juntos naquele grupo que talvez só tenhamos visto no primeiro ano da Flup Pensa, na primeira turma do Laboratório de Narrativas Negras e Indígenas para Audiovisual, no desfile de moda-ativismo em homenagem às mães que perderam seus filhos para a violência do Estado e, mais recentemente, no projeto Carolinas, este último envolvendo centenas de mulheres negras no auge da pandemia. Todos tínhamos sede de saber o que aquelas mães de santo tinham a dizer sobre as yabás que dominam suas cabeças. A maioria desses encontros terminava com giras, nas quais não raro bolavam os diversos médiuns que ansiavam transformar em literatura a própria experiência religiosa.

Parte desse entusiasmo será percebida na leitura das cartas para Exu, quase um exercício de doação ao mais emblemático dos orixás, ao mesmo tempo o mais amado e o mais discriminado, certamente o mais temido e, acima de tudo, o mais incompreendido. Ainda que eu próprio frequente um terreiro e que no mínimo sempre esteja pedindo proteção à mãe de santo que me acolheu, surpreendeu-me o poder do Exu que emerge deste livro, algo que em determinado momento me remeteu à devoção que os evangélicos têm por Jesus Cristo e os muçulmanos, por Maomé. Sempre soube que nada começa sem que peçamos licença a Exu, o senhor dos caminhos. O próprio fato de abrir essa gira com as cartas para Ele tinha a ver com essa ideia de encruzilhada, de um destino que não se consolida sem que aprendamos a pisar neste chão devagarinho, como diz o samba de Dona Ivone Lara. Mas confesso: foi somente depois da leitura dessas cartas que comecei a entender o quão poderoso ele é (e a venerá-lo).

Tem sido um gesto político introduzir a cultura dos terreiros na programação da Flup, na medida em que as pessoas de axé têm sido sistematicamente perseguidas por um Brasil reacionário, que, impedido de ostentar seu racismo, alveja os sacerdotes e depreda os templos do povo preto. Mas algo mudou em meu coração ao ler essas cartas tão despudoradamente entregues a Exu. Elas me fizeram pensar em Djamila Ribeiro, Giovana Xavier, Teresa Cristina, Flávia Oliveira e na própria Marielle Franco, entre outras tantas mulheres negras que têm mudado as estruturas do país a partir de sua afirmação na vida política, cultural, artística e acadêmica, materializando a utopia de Angela Davis, para quem quando uma mulher negra se move, ela muda toda a sociedade. Essas mulheres extraordinárias têm ido aos terreiros para se fortalecer. É lá que encontram energia para renovar sua labuta diária.

Embora todos duvidássemos que algum dia deixaríamos de ser o maior país católico do mundo, minha geração viu o Brasil se tornar evangélico. Os sinais vinham de todas as cidades, de cada favela, principalmente de cada nova eleição, a partir das quais poder político e religião voltavam a se abraçar como não faziam desde que a revolução burguesa trouxe a laicidade em seu bojo. As cartas para Exu me remeteram ao início das ações afirmativas, quando aquela pequena mancha de pessoas negras no campus universitário não nos permitia antever o impacto que produziria na sociedade brasileira. Não considero mera coincidência que, à medida que as cotas enegreciam o ambiente universitário, ganhava cada vez mais visibilidade e relevância uma juventude sem vergonha de se dizer umbandista, candomblecista, macumbeira mesmo. Essa mesma juventude, cada vez mais bela, cada vez mais livre e não binária, também está tirando o Exu do armário.

Vivam e vejam o país de Yeshua voltar a ser o país de Exu. Laroyê!

Julio Ludemir

carta 01 | adriana rolin

Adriana Rolin é mãe de Zabir, abiyán de Oyá, atriz, arteterapeuta junguiana, escritora de oito livros pela editora Metanoia, doutora em artes pelo PPGARTES UERJ e docente da primeira pós-graduação Teoria e Prática Terapêutica segundo Nise da Silveira da UNIMES-SP.

CORPO DE AXÉ

Ele abre, alastra o fogo e gira a ginga

Senhor dos duplos em raízes espirais

Laroyê, eu saúdo teus órgãos ancestrais.

Tridimensional, fluxo do desconhecido

Corpo vibrando riso, gozo em falos e frestas

Vermelha eu danço outras manifestas.

Movimento brincante de encante e axé

Reticência que pulsa vida em presságio

Energia catalisadora em cruzos e contágio.

Exú é rei nas ruas, casas, entres e caminhos
Boca que abre, lambe, engole, boca que come
Ele é palavra que corta, refaz qualquer pronome.

carta 02 | aldene rocha

Artista multidisciplinar, professor de Fotografia e doutorando em Artes com foco no processo artístico. Explora a rua e o imaginário urbano, valorizando o cotidiano e objetos que guardam memórias, revelando histórias esquecidas e destacando imaginários na vida urbana.

Querido Exu,

Te escrevo para expressar minha admiração, por estar presente em minha vida desde a infância, me guiando e protegendo em cada passo no meu caminho.

Quando era apenas um menino, a curiosidade e a coragem me levavam a explorar as ruas e as esquinas. Embora esses lugares tivessem seus perigos, eu nunca tive medo, porque você, estava sempre ao meu lado. Com sua presença vigilante, você afastava os perigos e garantia que eu estivesse seguro.

Lembro-me das tardes passadas empinando pipas no parque. Você, com sua prwoteção, me defendia dos perigos que a rua trazia e me permitia correr e viver com alegria. Cada riso, cada encorajamento seu, transformava meus dias em algo especial e inesquecível.

Sua proteção ia além. Lembro-me claramente de uma noite em que, ao passar por uma rua escura, fomos confrontados por um valentão. Eu estava com medo, mas a sua coragem e a sua presença forte fizeram com que o valentão recuasse. Naquele momento, compreendi a verdadeira extensão de sua proteção. Você não era apenas meu conselheiro, mas um guardião, sempre pronto para enfrentar qualquer perigo por mim.

Já adulto, você continuou a ser uma figura essencial em minha vida. Mesmo quando os desafios mudaram e se tornaram mais complexos, eu sentia sua presença e ouvia suas palavras de sabedoria. Sua figura, dançando pelas ruas e com um sorriso no rosto, continuou a ser um exemplo de força e resiliência para mim.

Exu, você é mais do que um protetor. Você é uma parte integral da minha história, uma fonte constante. A cada dia, agradeço por tê-lo ao meu lado, por me guiar e proteger. Sua presença é um presente que valorizo profundamente, e sei que, não importa onde eu esteja, você sempre estará comigo, me guiando nas encruzas e nas ruas.

carta 03 | ana paula furtado

Educadora, escritora, filha do Axé, da geografia, de Arraial do Cabo. Por meio da escrita e dos letramentos diversos constrói propostas pedagógicas a partir da cosmovisão afrocentrada e científica.

Ao adicionar o X no meu EU, me torno EXU.

Foi nas encruzilhadas da vida, na ginga entre o jogo de dentro e o jogo de fora, que o X se incorporou ao meu EU, e me torno eXu. E(x)U falante, falange, Orixá. Exu crescido, menino, moça nova. Exus, vocês são os caminhos, as verdades e as vidas, e ninguém aprende a caminhar, sem antes atravessar um deserto de encruzilhadas.

Foi em Niterói, que você começou a me contar essa história e no outro dia a Menina da Praia veio me falar mais e mais sobre o que é ser uma eXu mulher na nossa sociedade. "E ser EXU MULHER na docência?" eu perguntei, e ela me ensinou a dar o passo, cantar a letra para criança e adulto, e o caminho, Exu cria.

Foi na eXcola - aqui faço uma licença poética e regional - dentro da sala de aula, que desde menina eu fui aprendendo o que era ser eXu. Nessa encruzilhada teve de tudo: primeiro assédio sexual e moral, primeiras alegrias profissionais, primeiras amizades, primeiros textos, primeiro e único clube do livro, que me aproximou de outra Exu mulher, que hoje também busca viver da palavra.

Foi traçando riscos no papel, que me perguntei "e qual é o X da questão?" e logo refleti sobre como esse seria um ótimo título para um capítulo de um livro, e você mais uma vez, me trouxe a resposta: o X da questão é a própria encruzilhada. Adicionar o X no EU, permitir receber a força de EXU sobre o próprio corpo, mente e espírito, exige preparo e este vem, ao passar pelas encruzilhadas da vida, com força, coragem e muito jogo de cintura.

Cada caminho percorrido, cada passo dado, cada lugar ocupado, foi você me guiando pelas trilhas da educação. Filha de mãe e pai ex boia fria, nunca terminaram o ensino fundamental, mas você nos deu a condição de menina crescer e ir estudar, igual exu menino que também se tornou doutor. Ao adicionar o X no meu Eu, me torno EXU. Laroyê, mojubá. Suas palavras chegarão exatamente aonde tem que chegar, eu dou o passo, você o caminho.

carta 04 | ana paula nogueira

Jornalista, roteirista e diretora audiovisual. Trabalhou nas redações da Agência Reuters, da Gazeta Mercantil e do Estadão. Atualmente é sócia da FemFilm, voltada para a temática feminista. Assina, entre outros, o premiado As Últimas Putas de Paris e a série Rio de Topless, do Canal Brasil.

Ago, Mo Jùbá! Rio, 13/05/24 - segunda-feira, por coincidência, terei que lhe escrever uma carta no dia da semana consagrado a vc (seria mais apropriado me referir a ti como senhor/a/e?), são tantas dúvidas que surgem nessa encruzilhada de palavras, não sei nem como começar: Excelentíssimo? Formal, né? Nada a ver com Exu; seria melhor usar uma saudação em Iorubá? Pelo menos já sei como irei terminar, vou exclamar: Laroiê! A palavra está na moda, ultimamente, inclusive foi declamada em horário nobre na TV Globo, pela personagem Inácia, da novela Renascer, numa bela cena, em que é feito ritual para proteger a casa, e o dono dela, diante da chegada de uma visita que pareceu-lhe trazer grande perigo; quem diria Exu, vc agora é pop! Se o papa é pop, por que Exu não pode ser? Também virou enredo premiado de escola de samba, exposição em museu tradicional, e tudo isso sem a carga "catolicocêntrica" de relacioná-lo ao diabo, afinal: "Exu Não É Diabo (Èsù Is Not Satan)", slogan de campanha internacional, que prontamente aderi, mas isso é outra história - afinal, são muitas em torno do seu nome (Exu ainda virou livro, inclusive infantil, argumento e roteiro de filmes, música...ah descobriu-se que Exu também é Mulher, na energia e na representação!); mas chega de embromação, preciso impressionar a produção do festival com uma carta e participar de projeto que dialoga com meu trabalho e a forma que escolhi para lhe cultuar, já que não sou disciplinada para seguir os ritos do Candomblé, religião na qual me iniciei, e confirmei ser vc o "dono" do meu Ori, porém aprendi que (pelo menos nessa casa) não se raspa filho(a/e) de Exu, já que Exu é energia em constante movimento, que não se assenta... Ogunhê! eis que nessa hora chega Ogum no meu caminho, colocas-te teu irmão para essa demanda, mas seguimos juntos em movimento constante, né? E a carta? Ao relembrar toda essa história, consigo assentar em palavras escritas uma carta destinada a Exu?

Fica no ar a pergunta, e esse texto, que ousei não usar, em sua grafia, o "ponto final", já que vc, Exu, é energia que nunca para,

Laroiê!

carta 05 | anelise martins

Anelise Martins é neta de Jacira, filha de Eliane e uma mulher negra que se permite dançar com a escrita. Levando e sendo levada por ela. Seus textos são um convite para um mergulho nos rios que transbordam de si e dos seus.

Laroyê Exu,

Eu te saúdo. Poderia te pedir algo, mas escolhi escrever essa carta de amor. Se não fosse o dono dos caminhos, quem mais teria me permitido escrever e reescrever a minha história?

Não fui criança de terreiro. Fui criança de igreja. Criança negra de igreja evangélica.

Cresci acreditando que uma divindade única seria o caminho perfeito para a minha salvação. Eu estranhava o misto de amor e punição. A busca pela salvação exigia de mim uma perfeição sobre-humana, ainda mais com um corpo visto como origem de pecado. Passei anos me punindo a cada passo fora da linha. O medo de errar virou a minha regra. De repente, a gira girou, me apaixonei e senti o meu corpo vibrar pela pessoa mais acolhedora que já conheci. Toda a minha vontade de perfeição perdeu o sentido. Não queria mais viver dentro daquela caixa. Desejei com força ser o mais humana possível. Nesse desejo, eu perdi o meu sentido de mim. Eu segui. Assim. Recriminando os meus desejos, o meu corpo e a minha existência. A minha existência passou a ser vibrar em um amor acolhedor, chorar e ouvir dos meus que o meu destino estava traçado rumo à danação eterna. O que ficou foi um brilhinho lá no fundo que me dizia que eu precisava seguir em frente e abraçar o que de bonito há na vida. Sinto que esse brilhinho era o sonho de vida dos meus ancestrais. Sempre pontuais nos momentos de necessidade, eles me sopraram que no caminho se faz o caminhar. Como eu caminhei. Literalmente. Me expandi pela cidade e passei a estar de corpo e alma querendo respirar gente e receber a experiência que pudesse me ser ofertada. Nesse momento, eu sei e você sabe que dentro de mim ainda havia muito medo. Medo do meu agora e do meu fim. Até que comecei a sentir algo quando estava nas ruas. A te sentir me protegendo em meio a madrugada, em uma cidade que transpira violência por todos os seus poros. A rua passou a ser e ainda é minha companheira. Você me guarda. Me permite viver o meu lado mais humano, cheio de erros e acertos por esse caminhar. Contradições. Afinal, você matou um pássaro ontem com uma pedra que só jogou hoje.

carta 06 | arô

Cineasta, escritor e poeta, explorando temas como ancestralidade, espiritualidade, resistência cultural e identidade em suas produções literárias e acadêmicas. Minhas obras buscam educar, provocar reflexões e celebrar as conexões entre corpo, terra e memória coletiva.

Carta para Exu

O risco de patuá no peito
com a flecha que rasga a carne.
Me apresento, sou solitário
diante desse presente momento.

Farto, rasteiros são os dados,
É difícil amar sem inventário,
Imagina eu, libertário,
Sanando as brechas de um passado
Comendo vento, levando aço.

Sigo atento, tento,
Construir pontes com os trapos.

Pinto o corpo com jenipapo,
E assim entro em cena saindo da fenda,

camisa rasgada, nenhum esquema,
pés descamados e a boca seca,
Pálidos nos olhos, e a pele negra.
Pisando descalço, a cada passo
o sangue vira renda, santo é o lema.
Herói no espelho, vilão na teia,
recuso estampar imã de geladeira.
A família tá presa no dilema:
Nasceu "torto", vou marcar na agenda,
O meu velório já não é sentença,
A água rasga a face inteira.
Meu par de asas fabricados com cera,
mãos labutas e galos nas meias,
originário taxado de maldito, preso na este-irá.
Faço bater de uma nova agenda,
Convocado, para que no peito aflore memória e resistência.

Caminha calmo até a beira
no rio que sangra e transpassa as figueiras,
e a cada respiro eu balanço as madeiras.

Seguro o medo com a esquerda,
entoando cânticos, o destino vai sentar em minha mesa.

Forte é o eco no topo da pedreira,
E ali que Exu firma e sustenta.

carta 07 | bárbara pinheiro

Educadora, pesquisadora e poeta. Bailarina nas (poucas) horas vagas. Licenciada e Mestre em História pela UFRRJ. Ekede de Iemanjá do Kwe Danvìsí Fé Wù.

Escrevo a partir da artesania das palavras. Aprendizado acumulado depois de tantas desventuras, percalços e mal-entendidos de uma comunicação deficiente. Mas o senhor me ensinou a grandeza do dizer, a sagacidade do calar no instante exato e da maturação das coisas ditas no pensamento, antes de ganharem os ares e reverberarem por aí.

Trocar ao invés de se apropriar. Festejar o corpo, equilibrando a tão característica disciplina e ordem dos seus ensinamentos, com a faceta brincante e travessa que nos habita. Compreendi que meu sexo não é tabu, mercadoria ou máquina de produzir lucros que jamais terei acesso. É templo do profano e do sagrado. Em morada de orixá não se faz algazarra.

As respostas às perguntas que nem pude dar conta de elaborar vindas em sonhos. Puxões de orelha, alertas, chacoalhadas bem dadas quando não fui capaz de enxergar o perigo. O conselho precioso antes de cruzar, confiante, as encruzas da vida. Bebo do seu Contini e me sinto invencível. Como pode? Traz a cura ao som de atabaques, deixando findar ciclos e hábitos que não mais cabem. Queimando em desejo e possibilidades! Temem seu poder porque ele não admite as suas confortáveis hipocrisias de estimação. Joga na fogueira toda a obsessão pelo controle e essa baboseira de estabilidade. Entre gargalhadas, fumaça mentolada, batons carmim e cheiro de rosas, lhe salvo.

carta 08 |beatriz cardozo

Beatriz é uma mulher preta, jovem-mãe da Odara, do subúrbio do Rio. Encontrou na escrita lugar de possibilidade, onde sonhar, criar imaginários e construir uma identidade em primeira pessoa, nos caminhos da graduação em direito na UERJ e posse no cargo público como servidora da justiça federal.

Boa noite, moço. Te falo daqui de onde a pedra já foi acertada. Já não teria mais medo da minha vó Lucinda incorporada fumando e falando com a sua voz grossa de Tiriri. Te falo desse momento em que - surpreendentemente - já me descobri amante da rua, da madrugada e aprendi a te pedir licença. Me tornei mãe aos 18 anos, ela se chama Odara. Naquele momento em que a certeza do nome me invadiu, nos quintais de São João de Meriti, eu não sabia que era sobre você. Mas nesse momento de agora eu já sei. Eu já tive aquele sonho incessantemente. Já sei que é você, que você foi caminho esse tempo inteiro.

Já ando mais confiante. Daqui de onde a pedra já foi acertada, descobri também o amor pelas palavras, mais uma vez você. Encontrei um mundo de histórias e Itans em que me mostrou a verdade: mulheres como eu sempre dominaram essas tais palavras; úteros como o meu sempre gestaram o que há de mais bonito nessa terra, o que há de mais Odara. Obrigada por me fazer enxergar que a vida não era aquela linha reta, era encruzilhada. Demos nó naquele destino-fim que me tinham decretado. Estamos gargalhando, flanando, sambando e ainda ousando brincar com as palavras. Ousando brincar, me fez Iya para que eu (re)visse a vida pelos olhos infantis, os de possibilidades infinitas. Moço, aprendi contigo a estar de corpo e alma inteiros, sem tantas fugas e angústias. Sem pensar no que se foi, mesmo porque, se não fosse, o agora não seria. Também sem pensar no depois, de quem nada se sabe. Cabeça e pés no mesmo lugar. Juntos. Firmes na terra onde acontece a vida. Onde sou, estou e posso. Nada além do que é poderia ter sido, nada além do que será poderá ser. Laroye!

carta 09 | beth lobo

Beth Lobo, uma mulher afrobrasileira com 66 anos. Mãe solo, moradora da Pavuna/RJ, aposentada do Ministério da Saúde, graduada em Artes Plásticas pelo sistema de cotas UERJ/2003, e oficineira dos Movimento das Mulheres Sambistas e Oficina das Minas, que está em busca da realização dos seus sonhos.

Laroyê, Exú!

Senhor dos caminhos, mensageiro, cujo poder de transformação e mediação são vossos atributos, peço a vós licença e me apresento.

Sou Elizabeth Souza, ano passado procurando meios de vivência e conhecimento, já estando aposentada há quatro anos, encontrei no canto e na escrita- desejo antigo de "escrevivências"- com a participação na Oficina Livre Livros da Universidade das Quebradas as ferramentas para suprir a necessidade de estar junto, de fazer junto.

Acredito que a música- o canto e o pandeiro, este último que comecei apenas há um mês- e a escrita são instrumentos de arte apropriados à saúde mental e física do ser individual e social.

Por que uma experiência de escrita por meio da religião de matriz afro-brasileira? Elégbára que "nos olha no culto e reconhece" sabe, mas aqui devo algumas informações. Kardecista por muitos anos, médium do Templo Tupyara, simpatizante e frequentadora do Leon Denis, me vejo espírita ainda adolescente. Anos mais tarde, partir de um curso de Arte-Afro, fui Abian por mais ou menos quatro anos, numa casa de Candomblé em Guapimirim, que hoje inexiste. Nos últimos anos, sinto um desejo de frequentar, de estar com os orixás, de cantar e celebrar com os que se nutrem da fé a eles.

Esta oficina se apresentou a mim, Senhor dos nossos caminhos, como uma oportunidade à realização desses meus desejos e necessidades, uma das chaves para a mulher-senhora sempre em processo de transformação.

Mo jubá, Senhor da Força!

Obrigada!

carta 10 | bia montenegro

Do Axé, do riso largo e do samba como terapia popular. A relação com a fé foi um reencontro que se construiu ao longo do tempo com a certeza de que Orixá não é óbvio e a espiritualidade sabe como chegar. Historiadora e Arquivista conheceram desenvolvimento humano no trabalho para se encantar.

Boa noite, moço. Boa noite, moça.

Aqui quem fala é quem te agradece por cruzar meu caminho. Mais que cruzar, juntos temos é história pra contar, né?

Faz muito tempo, mas lembra daquela sexta que falamos amor? Foi quando a moça da saia rodada me aconselhou. Ahhh, minha vida mudou, eu me fiz ali.

Aliás, posso te chamar de você? Sempre te senti tão perto, parecemos velhos conhecidos. Na verdade, somos.

Caveira, Sete Saias, Padilha, Mulambo, Navalha, Seu Zé, Capa Preta, Tiriri, Tranca Rua. Em todas as suas formas, e outras tantas, ainda bem que na encruzilhada da vida a gente se encontrou. E assim, a rua e meu caminhar você guardou. Nas segundas e todos os dias.

Ahhh a noite, as esquinas, a rua. Você que guarda a rua e fala com a lua. O mundo é sua casa. Você é a noite, é a rua. Na saia rodada ou moço da capa. Contigo o papo é reto, direto e certo.

Dia desses nos encontramos na beira do mar. Era hora de pedir proteção. A chamada para retomar as rédeas da minha vida veio. Ganhei certezas no coração. A festa da carne chegou e fomos brincar Carnaval. Amparada pela sua gargalhada saí com a certeza de movimento. Há algum tempo, o primeiro gole é sempre seu.

Ainda não deu meia noite, mas é hora de ficar por aqui certa de que caminha comigo. Já não é mais encontro, é certeza de que segue na frente, ao lado. Firmei o ponto.

Eu vou seguir dando o passo, pois sei que você vai seguir dando o chão.

Laroyê, Exu.

carta 11 | bruna do prado

Bruna do Prado é percussionista, escritora e pesquisadora das conexões entre ritmo, neurociência e bem-estar feminino. Com especialização em ritmos ancestrais, dedica-se a resgatar a sabedoria cíclica e emocional das mulheres através da música e da palavra.

Laroyê meu pai Exú!

É ele quem abre os caminhos e é o próprio caminho.

Ensina-me a ter coragem para ir além de mim mesma, passo a passo, firme no caminho dos meus próprios mistérios.

Que o medo de dançar com as sombras e medos, jamais me paralise.

Que eu possa honrar o que dói na carne, nos ossos, enxergando a tua sabedoria em tudo àquilo que me torna humana.

Guardião das mazelas, quem caminha perto de todos que sangram, dando conforto e liberdade, ensinando a integridade.

Exu, aquele que é o passado, o presente e o futuro, o próprio tempo.

Ensina-me a render-me aos ciclos da Mãe Natureza e ser mensageira de tamanha sabedoria.

Senhor da magia, que eu seja sempre capaz de fazer toda alquimia necessária nesta tortuosa estrada que é a vida. Que eu transforme o sangue em vida e que saiba deixar ir em paz o que já não pulsa mais.

Redemoinho da vida, senhor gira mundo, tira tudo que não é meu do lugar, limpa meus caminhos e me protege com a sabedoria de que o que é meu está guardado.

Dá-me firmeza, dá-me permissão pra eu ser a ousadia da tua palavra corporificada.

Que habite em mim a tua gargalhada, levando o riso e o prazer pra todos aqueles que esqueceram do êxtase de ser.

Exu, tu que fala minha língua, me escuta e compreende todos os seres de orun, traduz a existência pra todo ayê, pois aqui estamos todos muito cansados de sofrer.

Que eu possa traduzir tua palavra nos ritmos que saem de minhas mãos, fazendo o tambor cantar, abrindo o caminho e o corpo de quem escuta.

Protege e guia teu povo, nas encruzilhadas da vida e da morte, para que o mistério possamos parar de temer.

Esú ojú ô màmá kè ô, Odara!

Laroyê Esu ojú ô màmá kè ô, Odara Esú Awô!

Laroyê, meu pai Exu.

carta 12 | camila carvalho

Camila Carvalho, pós-graduada em Gestão Escolar e graduada em Pedagogia pela UNIRIO, é Coordenadora Pedagógica em uma Escola do Rio. Desenvolve projetos e articula uma Horta Ancestral, integrando ciência e saberes tradicionais. Possui interesses em políticas públicas e educação em terreiros.

Exu Mojubá,

Por meio deste contato, expresso minha gratidão por sua presença em minha vida e pela inspiração que encontro na busca por conhecimentos e compreensão. Reconheço a importância da sua energia em minha jornada, pois sem Exu, nada se faz. O guardião dos caminhos e mensageiro entre Orum e Ayê conhece os desafios que enfrento e as estradas que percorro.

Por isso, Exu, recorro a você nas encruzilhadas da vida, em busca de orientação e clareza. Assim como nos itans narrados pelos mais velhos, você é capaz de abrir caminhos, destrancar portas e revelar novas estradas, muitas vezes ainda desconhecidas por nós. Peço sua bênção para que, nesta jornada, meus passos sejam firmes, meus caminhos iluminados e minhas atitudes certeiras. Que sejam tão certeiras a ponto de "acertar um pássaro ontem com uma pedra lançada hoje", e que, sob sua orientação, eu possa ressignificar meus passos.

Sua presença é uma inspiração para mim, Exu. O senhor, capaz de transcender dualidades e desafiar convenções, me dá forças para ser corajosa e autêntica em meu próprio caminhar.

Seus ensinamentos sobre as diversas formas de comunicação e transformação agem sobre minha alma, conduzindo-me à busca por verdade e liberdade — não a imposta, mas a minha própria possibilidade de ser, estar e (re)existir.

Que sua astúcia me acompanhe em cada jornada, que sua energia me traga vitalidade, que suas ações me deem ideias para conduzir minha vida baseada em sua filosofia; que seus ensinamentos sejam revividos com humildade e determinação, honrando a ancestralidade e a tradição contidas em você e perpetuadas por nós em meio às vicissitudes da vida terrena.

Com respeito, amor e admiração,

Camila Carvalho

Laroyê, Exu!

carta 13 | camila nascimento

Mulher Preta e defensora da cultura afrobrasileira. Aprendi com minhas Pretas Velhas a transformar realidades, dentro e fora do Axé, através da arte da Oralidade. Pós-graduada em Terapias Naturais e atuo acompanhando Mulheres em suas Travessias Femininas mais Íntimas, sobre o ancoramento e amparo da mitologia e modelos de vida Afrocentrados sobre a perspectiva das Iabás. Matriarca da Comunidade de Terreiro Afroindígena Casa do Silêncio

Tô nua meu velho,

Despida de toda dor que me engoliu nos últimos tempos, nas últimas vidas

Peço agô, pelo tempo que desperdicei

Tentando caminhar por caminhos frios, que não eram meus ...

Te neguei Exu

Quando me neguei nas caladas da noite

E não reverenciei sua presença em minha vida, em meu corpo, em minha cela

Fiquei presa por um tempo.

Calada, amordaçada, enclausurada

Nas aflições do mundo e me esqueci de ti

Tô nua meu velho,

De pernas abertas, para parir minha vida refletida no seu entusiasmo em me fazer acertar. Tô correndo perigo. Eu sei. Mas não vou me calar

Rompi a cela

Ralei meus ombros

Para abrir caminho

Corri, andei, cansei

E agora caminho no passo

Dançando enquanto ouço o seu gargalho

Tô atenta Exu

Tô nua meu velho

Depois de tantos trupicos, me rendi a ti

Pois na sua presença, todos os meus erros viraram acertos. Na gargalhada que dei.

carta 14 | carla arouca

Filha de Teresa e Zé Carlos, lésbica, escritora, poetisa, publicitária e completamente apaixonada pelas águas e frestas da vida extra (ordinária).

Padrinho,

    Francisco chegou ao mundo. Junto com o Sol que nunca mais foi embora. Queima noite e dia, como aquele marafo que eu dei pro sinhô ano passado.

    Padrinho, a criança me lembra o sinhô, ligeira e come de tudo. Aprendeu a correr antes mesmo de andar.

    Pelo que eu contei já tem sete mães e um bocado de vó.

    Pai é que não vi nem rastro. Foi se esconder lá aonde o Sol não chega.

    Não viu Francisco nascer e não quis ver Francisco nascido.

    Padrinho, o leite do peito já não sustenta, o da vizinha é pra mais três e o do mercado é muito caro.

A criança não pede mais colo, pede brinquedo. E o sinhô que muito brinca com a gente, sabe que não se vive sem brincadeira.

Eu até quis emprestar o meu pai para o Francisco, mas ele diz que o menino veio tarde e que ele já não sabe se ainda tem tempo de terra.

Padrinho, eu escrevo pra saber se o sinhô aceita o Francisco como filho. Ensina o menino a falar de vez. Cuida do peito da minha criança toda vez que ela for pra rua. Dança com ela pra mostrar que o corpo cura no movimento.

Ah, e se não for pedir demais padrinho...
Ensina o Francisco cobrar do mundo, mas também agradecer.

A benção padrinho, laroyê.

carta 15 | carla rocha

Negra, Cria do IPASE da VP, Funkeira, Doutoranda e Mestra em filosofia PPGF/UFRJ, Pesquisadora do Laboratório Encruzilhadas Filosóficas, Produtora Executiva Álbum Fundanga, Editora Revista Ítaca, Jornalista com especialização em Assessoria de Comunicação e Sustentabilidade.

Laroye, Exú Mojuba!

Peço licença para essa aproximação, minha confiança em sua força e meu aprendizado de que és o dono do caminho me fortaleceram para vir lhe pedir que, se for digna de fazer parte desse giro que vai me proporcionar grande aprendizado, por favor abra pra mim a porta cuja chave lhe entregaram. Me guie por esse caminho que guarda muito conhecimento, necessário a quem anseia por conhecer a própria história, para conseguir uma conexão maior com o divino que me conduza às respostas que o processo de subjetivação me negou.

"Contar sete" energiza o corpo físico para que eu tenha a abertura necessária participar dos encontros que serão conduzidos nesse processo de aproximação com orixás Yemanjá, mãe de minha mãe carnal, e Oxum minha mãe de cabeça que me protege e me socorre, bem como a entidade feminina que me acompanha e de cuja falange faço parte. Tudo isso trará um misto de grande acolhimento e uma poderosa roda de reverências e gargalhadas. Meu respeito a todas as outras que me chamam a conhecer e também me aproximar mais das senhoras Obá, Yansã, Nanã e Ewá.

Neste momento, entrego meu pedido, e de forma muito objetiva, confiando no dono do caminho, agradeço por todos os outros momentos em que esteve comigo e com meus consanguíneos, sobretudo quando estavam sob sua guarda, morando em tua companhia nas calçadas e encruzilhadas. Assim como os protegeu, peço que permaneça em minha vida, abrindo para mim apenas os caminhos que devem fazer parte da minha trajetória, independente das minhas vontades. Agora, sem olhar para trás, seguirei a direção que me indicar, como sempre fiz.

Laroye! Agô.

carta 16 | carmen felippe

Advogada Criminalista. Mestranda em Sociologia e Direito na UFF. Autora do livro "Letalidade Policial e Seletividade Penal: reflexões produzidas por corpos matáveis". Coordenadora do IBCCRIM Rio. Membro da Sociedade dos Advogados Criminais do Estado do RJ. Membro do COOPERA da Defensoria do RJ.

Carta para Exu

Diante da minha ignorância tua humanidade é traço mais marcante, contínuo, instigante. Me oferece uma risada que faz tremer, doer, resolver, subverter a lógica do vencedor. O que fica depois que meu véu cai? Antes, agora, amanhã, ontem, depois de amanhã, o nada, o tudo ... Tanto faz.

Está fora do tempo e dentro das minhas escolhas desprotegidas pelos bons conselhos. Dos meus sentimentos mais profundos e obscuros, ao altruísmo cordial ou mal-intencionado: Exu é meu espelho.

Uma chave que abre uma dimensão ou fecha uma porta. Corte que divide a perspectiva, direita ou esquerda ou compartilha os diversos lados, mal para quem é mal, bom para quem é bom. Comunicação, corpo, poder mágico. O corpo da comunicação. A comunicação que disciplina. A disciplina do caos. A magia da língua que ainda não sei. O merecimento que ensina.

Não há cenário sem caminho. Não há caminho sem Exu. Exu é o caminho.

Ando por Elegbara. Bara. Onan... múltiplas facetas, complexas versões as quais por vezes é melhor apenas aceitar, conformar e se aproximar.

Imprescindível atuação. Para tudo sua parte, para todos suas interações.

Encruzilhada da troca no mercado do poder retinto. Descrente. Insurgente. Bom. Mal. Brincalhão. Sério. Vai lá e diz a razão.

Ou não digo nada. Não tem importância. É a beleza do indecifrável. Sua atuação a todos interessa, a mim interessa. Ausente do porquê importa saber o para quê sem a pressa por riqueza, insignificante para o Orixá mais humanamente instável.

carta 17 | carmen macedo

Natural de Campo Grande, bairro da zona oeste do Rio de Janeiro. É neta da dona Sônia, sobrinha neta da Yeda e filha da Célia. Escreve sobre as mulheres negras da sua família, as paisagens, trabalho doméstico, amor, migração, autonomia de mulheres negras e questões afro-religiosas.

Laroyê, Seu Exu Tatá Caveira

A cada alvorada nos tornamos mais próximos, a cada passo lhe sinto mais entrelaçado. Já são alguns anos desde a primeira vez em que senti sua presença. Era bem tarde da noite e tudo parecia muito incerto e turbulento. Durante toda aquela semana Exu me fez companhia. Acordava e deslizava o olhar para a janela com as cortinas vermelhas e ele estava lá. Nas ruas escuras, no trajeto até em casa, na fresta da porta de grades pretas. Depois Exu apareceu em sonhos, no velório do meu pai com a mão estendida exigindo saudação e também me mostrando os caminhos e as suas consequências em vários momentos distintos.

Seu Tatá Caveira, a primeira vez em que fui seu cavalo senti um calor nos pés e não lembro de quase nada daquela noite. Exceto pelo ponto que o Ogã tocou e depois soube pela Ekédy que ele estava te esperando, confiando em que conseguiria lhe contar da notícia da cura. Foi ao meu Exu que alimentei agradecendo pelas conquistas, mas também foi no chão do terreiro em que chorei e pedi ajuda. Quando minha mente já não respondia, quando achei que tinha enlouquecido, quando tive medo fui acolhida ouvi que podia pedir com fé tudo aquilo que achasse justo e que fosse capaz de fazer a minha parte. Foi na encruzilhada em que agradeci pelo título de mestre, pela saúde, pelos caminhos abertos. Posso sonhar de olhos fechados e pés no chão, posso confiar no meu caminho e na sua proteção.

Laroyê, Seu Exu Tata Caveira

Exu é mojubá!

carta 18 | carol delgado

Na cabeça um tridente, no estômago uma serpente e nos pés uma flecha. Antropóloga, mãe, escritora, pesquisadora em visualidades. Lê carta, lê mão, reza com erva, faz banho de cheiro, trabalha com impacto social e criou o Puxadinho - um laboratório em rede de experiências antropológicas.

(para o meu vô xandu, cabra da peste de sertão e encruzilhada)
sentinela.
mensageiro
é quem abre caminho.

é quem lembra que não há passo largo
sem a inteligência dos corpos
que gozam
que gargalham
que suam
que sambam
que tropeçam - em si mesmo
que se embolam
que são o que são,
e por isso belos
os mais belos
de todos os belos
que sentem a cada respiração
a erupção das vísceras - vivas

é quem corta

seca
leva
sopra
o que não cresce mais
só tem segunda chance
a erva daninha que aprendeu
que nessa vida há de se lutar
pelo direito ao pão,
mas também à vibração do tambor
revirando o estômago
rodando a saia num tempo
que só quem traz notícias daqui e de lá
é capaz de saber.

meu avô,
pela confiança,
por essa herança,
minha gratidão.
minha oração.
eu não vou falhar.
porque me lembras
em sonho
em reza
em choro
todo dia
que nada há de faltar.

enquanto eu respirar,
o lombo deste cavalo é reino
que vai se prostrar
perante teu segredo
e em cada encruzilhada
saudar a concretude do que existe
porque é exu.

laroyê.

carta 19 | carolina da silva santos

Nascida e criada em Guadalupe (Melhoral). Sou roteirista/ diretora de arte/produtora em formação e costumo dizer que a arte sempre esteve no meu sangue, mas apesar do clichê, só me conectei com essa essência há pouco tempo com a ajuda da minha ancestralidade, desde então aprimorei minha escrita que sempre foi um ponto forte, tendo como porta de entrada os roteiros na faculdade de Cinema e hoje sou uma artista independente que pratica a escrita com o auxílio não só da criatividade, como também da intuição.

Querido Laroyê, me encontro escrevendo essa carta no dia em que celebramos o "Dia das Mães" aqui no Aiyê. Apesar de, a meu ver, essa data servir mais para o lucro do comércio local.

Entretanto não acho que esse fato seja negativo, ademais serve até como uma analogia neste momento de conexão da carta, já que nenhum dia seria capaz de expressar integralmente a potência do amor e dedicação de uma mãe, assim como nenhum dia ou palavra aqui escrita seria o suficiente para expressar a potência da troca em que há no comércio do Senhor, Exú.

Comércio esse que gera trabalho, oportunidades e "banco" para os que ao Senhor recorrem, aquele único capaz de abrir caminhos e direcionar seus filhos para as escolhas corretas nas encruzilhadas da vida eterna!

Estou hoje traçando um novo caminho, e assim como todos que tracei, só com sua benção será possível percorrê-lo. Peço então, que essas palavras aqui expressas sirvam como um pedido dessa filha, e que as vibrações do universo contribuam para que o pedido seja entregue ao seu destino.

Quero poder adquirir mais conhecimentos sobre minha matriz ancestral e a partir desses conhecimentos, ecoar para o mundo oque será absorvido pela minha humilde capacidade cognitiva, através da sensibilidade da minha arte, com todo o meu Axé e o dom da comunicação provido do Senhor.

Concluo nestas últimas linhas a carta e desde já agradeço, pois, dentro do meu íntimo sei que o Senhor já está à frente enxergando a conclusão dessa estrada.

Laroyê Exú! Mojubá!

carta 20 | caroline ferreira

Caroline Ferreira. Baiana de Salvador. Filha Nilzete e Antonio Carlos. Irmã de João Victor e Ester. Mar de palavras rio no céu em movimento. Mestra em História pela UNILA (Universidade da Integração LatinoAmericana) e graduada em Serviço Social pela UFRB (Universidade Federal do Recôncavo da Bahia).

Salvador, 13 de maio de 2024

Agô, Senhor dos Caminhos! Agô, Orixá da comunicação! Agô, Rei do mercado! Laroyê, Exú! Exú bandagira. Pelo dia de hoje, esta segunda-feira de lua nova, pela "rosa que nos alumia", como dizia minha saudosa Mãe Dionísia do Oiá Mucumbi lá da Faceira em Cachoeira. Dali a gente avistava pela janela a Pedra da Baleia. Vós sabe do meu coração, das minhas angústias e necessidades! Luto diariamente para realizar a sonhada abolição, neste 13 de maio, muitas pessoas dedicam festas e oferendas aos Pretos Velhos e às Pretas Velhas. Foi em Foz do Iguaçu, lá em 2021, que fiquei sabedora destes festejos. Foi lá também, que uma Preta Velha me disse que eu precisava voltar pra casa. Até hoje eu não sei se a encontrei. Angústia essa que me faz rodar, rodar, parar e rodar. Me pergunto constantemente: onde é o meu lugar? Não preciso fechar os olhos pra ver o quadro do Preto Velho na casa da minha falecida vovó Dete. Aqui em Salvador, não vejo tantas comemorações a esta falange, e da minha infância até os dias de hoje, beirando os 35, não lembro de nada além dessa manifestação naquele quadro. Quer dizer, nossa labuta diária por nossa sobrevivência, acredito que é herança viva destes Pretos e destas Pretas, assim como de toda aldeia que nos acompanha. Laroyê, Exú! Exú bandagira! Te oferto esta carta pra vos dá o caminho dos próximos passos. Estou crente que este ano ei de ser abençoada com as mudanças necessárias para não me afogar no mar das angústias profundas deste peito meu. Vós sabe o quanto tenho pedido malembe, o quanto recorro a escrita para não sucumbir no mar de incertezas. Se não fosse a fé que me carrega, me ampara e me bafeja... Não opto por desistir, pois sei que o projeto do genocídio do nosso povo oferta cotidianamente este caminho. Mas, quem cuida dos meus caminhos não dorme. Os caminhos que esta carta levará, só Zambi, vós e toda aldeia é quem sabe aonde chegará! Mas só de sentar e escrever pra vós, já sinto meu peito aliviar!

Com dendê, farinha e pimenta,

Caroline Ferreira.

carta 21 | clara anastácia

Clara Anastácia, nascida e criada na Favela da Pedreira - Pavuna zona norte do RJ. A roteirista e diretora se destaca através de seus prêmios e reconhecimento internacional. É criadora do gênero "Melodrama Decolonial" e apontada pelo MoMa como diretora de novas linguagens cinematográficas em 2023.

Bara, aqui na diáspora brasileira, a sua cabaça, espalhou as sementes, que germinaram em tudo quanto foi quintal. Hoje, te escrevo para contar um caso único, porém muito comum nas famílias faveladas da década de 90, antes da proibição e perseguição aos povos de axé da favela. lhe escrevo para contar sobre Sr. Tranca Rua.

Verão de 1996, o sol despertou de bom humor. O dia estava tão bonito que pedia quintal. Dia de fazer graveto de goiabeira virar facão, descobrir a cura da morte com plantas do quintal, brincar de power rangers, caverna do dragão, ligar a mangueira e rodear a misteriosa casinha ao lado esquerdo do portão da vovó. "Vamos brincar de selva!" E o quintal da casa 7, na rua Darci Ribeiro, na favela da Pedreira, virou um filme de "Indiana Jones". Quando o sol do meio-dia cantou e o calor chamou a fome para perto, fomos caçar algo para comer. A missão era pegar a madura goiaba no topo da velha Goiabeira ao lado da proibida casinha.

A escalada foi intensa, pois, a fome era um tenor cantando em todas as barrigas, mas pegamos a fruta que caiu e rolou até a casinha. SILÊNCIO. Pegamos a fruta, mas a curiosidade falou mais alto e espiamos pela fresta os Tridentes de ferro, cheios de pena de galinha, facas, punhais, e um homem moreno de bigode bem-feito. Na cabeça uma cartola com dois pequenos chifres na sua testa. Gritei: "É O DIABO!" Enquanto a confusão acontecia no quintal, Bina, nossa tia-avó, observava tudo com riso preso: "Tão gritando por quê?" Respondi: "Vovó guarda o diabo aqui dentro!" Louca para cair na gargalhada, soltou: "Respeite o homem! Que ele é ruim como o cão e bom como um anjo, de diabo ele não tem nada, a não ser a cara. Respeite Tranca Rua." Com as mãos nas cadeiras, Bina veio falando: "Se não fosse Tranca Rua, não teríamos casa. Ele nos protege desde Minas Gerais. Nos livrou da fome e da morte, dos males de feitiços e até mesmo traição. Ele é da família! Ele é o pai que seus pais não tiveram." Em dias de desesperança, é ele quem faz o sol brilhar; em cada encruzilhada que encontramos na vida, é Tranca Rua que nos ajuda a passar.

carta 22 | cristiane souza

Cristiane Souza é doutoranda em Artes (UERJ). Atriz e artista visual, leciona Artes na Rede Municipal da cidade do Rio de Janeiro. Desenvolve trabalhos que atravessam a performance. É integrante do grupo de pesquisa Motim, do Coletivo Muda Outras Economias e filha do Ylê Asè Egi Omim.

Salve as esquinas, salve a encruza, salve as encruzilhadas!

Exu, peço licença também para saldar as águas, os doces e as salgadas, pois sem elas não caminho.

Me permita adentrar portais, janelas e os mundos imensos que se abrem, frutos de marés que atravessaram saberes, transbordaram mandingas e ainda choram demandas.

Delírio, arrepio, transe.

Os pelos eriçam, os olhos ganham vontade própria e olham para dentro.

Um dentro que também é fora enxerga tempos distantes. Mundos de bisas, de vós e de mães. Mães carnais, mães ancestrais, mães emprestadas de outras mães, que aceitam me pegar no colo e me levar pelas mãos.

Mãos, que nem sempre são suaves, mas que me mostram outros caminhos e dizem por onde ir, sem dizer.

Escuto o cheiro de peles coloridas que nunca vi e escorro escamas finas com sal de lágrimas e doce de flor.

Percorro rastros de cabeleiras pintadas por rios que voam por cima do mar e sopram ventos imortais de mensagens que nem sei entender.

E as palavras, por vezes desconhecidas, desatam nós de passado e de futuro. Me torno laço que desembola carregos velhos.

Desaguo, e entendo que é do corpo o riscado, que é do bailado o ensinamento, que é do batuque a cartilha. Corpo balaio que tramita no entre do mariô.

Exu, me ensine a inaugurar encruzilhadas fluidas que renascem em memórias vidas e decantam entendimentos inomináveis.

O chamado é forte, é arrebatador. Uma gota de água no tempo e tudo renasce, uma onda no tempo e tudo gira e se cruza.

Salve, Exu! Esteja comigo nesse mergulho!

carta 23 | débora clímaco

Sou Débora Clímaco, advogada e cerimonialista. Minha introdução tardia ao candomblé despertou meu letramento racial. Hoje, dedico meu tempo ao estudo e à disseminação de conhecimentos sobre a cultura africana, explorando seus aspectos religiosos e filosóficos em nosso contexto social.

Rio de janeiro, 18 de maio de 2024.

Caro Exu!

Ando notando que nosso caminho está cada vez mais se estreitando. Escrever para o Senhor, não é difícil. Difícil é saber que esta carta passará por uma avaliação e eu não posso ou não devo, criar uma história. É pertinente mencionar que acredito que não será apenas avaliada pela banca e sim também pelo senhor.

Então, irá notar que busquei a Débora adolescente, que frequentava o Mercadão de Madureira apenas em busca de elementos festivos e olhava com certo medo para a sua imagem. Ela repetia sempre que detestava ir naquele local por "se sentir mal". Aquela Débora não tinha a menor noção de consciência da sua cor e muito menos da força de sua ancestralidade. Ela cresceu em uma família na zona oeste do Rio de Janeiro, longe de comunidades e da realidade de seus irmãos de cor. Ela sempre estudou em instituições particulares, não percebia o racismo que a rodeava e só se relacionava com pessoas mais claras que ela. Ela se casou, teve dois filhos, se separou e nunca conseguiu estabilidade profissional, emocional e física, porque ela se debruçava em seus privilégios familiares.

Entretanto, hoje, aos 47 anos, tenho me dedicado intensamente ao estudo da minha identidade racial através da religião e da filosofia de matriz africana. Sim, meu amigo. Eu sei que tem percebido essa transformação porque sinto a sua presença. Através das diversas personalidades que conheci desde o ano passado – duas delas, inclusive, estão envolvidas neste projeto - tenho compreendido o impacto da ancestralidade em minha vida. E esse processo envolve além de busca por conhecimento, um esforço contínuo para superar velhos hábitos e limitações pessoais.

Desse modo, finalizo esta carta, desejando que a comunicação entre o Senhor e a banca desse projeto seja positiva para mim. De qualquer modo, eu agradeço a oportunidade por conseguir me comunicar de forma organizada com quem eu tenho divino respeito.

Obrigada por não ter desistido de mim e por ser o dono do meu caminho.

Laroyê, Exu!

Débora Clímaco

carta 24 | Denise lima

Jornalista com extensão em letras e formação pedagógica. Foi publicada nas coletâneas da Flup "Narrativas Curtas" (2016/FLUP), "Je suis ancore favela" (2017/Editora Anacoana), "Conta forte, conta alto" (2018/Ed. Funarte), "Carolinas" (2021/Bazar do Tempo) e "Quilombo do Lima" (2023/Malê).

Laroyê, Exú. Guardião da minha caminhada, inspiração de minha comunicação.

Escrevo esta carta depois de longo tempo afastada dos terreiros, mas nunca de ti. Quero agradecer cada pedra impedida de me atingir quando eu virei alvo, cada palavra enviada diretamente aos receptores das mensagens que calei na alma, cada roubada da qual escapei e que depois fomos rir e beber juntos. Agradecer a rua sempre ter me acolhido quando fugi dos horrores que me cercavam.

Amo sua alegria e a forma verdadeira de ensinar, contigo aprendi a nunca mentir e que quem me diz a verdade completa, sem medo de decepcionar, me respeita e que, se possível, devo unir meu caminhar ao dessa pessoa, em colaboração de corpo e espírito. E como isso é raro!

Certo dia, você me chamou no quartinho apartado de todos, até mesmo de sua cambona. Me deu de beber, me defumou com seu charuto, mandou recado sobre coisas que nem imaginei um dia me meter e disse que, daquela ocasião em diante, o meu lema seria "esteja preparada para tudo, sempre"! Daí para frente, tornei-me rochedo, aguardando as grandes vagas que viriam de longe e fustigariam minha alma sem cessar.

Sobrevivi contigo ao cárcere privado, à morte do grande amor, aos medos e incertezas da fome, da maternidade, do desemprego, das ruas. Fomos do topo ao fundo do poço só para eu aprender que não estarei certa todas as vezes e que ao estar no erro, ainda assim, nunca estarei só. Como num grande acordo, você foi o pai que me acolheu quando o meu me abandonou ainda na barriga.

Gratidão é forma mais perfeita de não deixar o ego vencer, de não perder o outro do foco, de saber o nosso lugar no mundo. O quilombo sempre seremos nós, em comunhão.

Com todo meu amor, sua para sempre.

DENISE LIMA

carta 25 | elaine brito

Filha de nordestinos, portelense e suburbana do Méier. Sou professora Titular do Colégio Pedro II e Doutora em Literatura Brasileira pela UFRJ. A obra de Lima Barreto é meu objeto de pesquisa permanente, assim como o subúrbio carioca e a escrita de autoria feminina e periférica.

Segunda-feira, 13 de maio de 2024.

Laroyê, Exu!

Meu fiel mensageiro, leve esta carta para aquele que não poderia ser meu amigo, mas é. Quando se tem por ofício comentar livros, é preciso manter a distância segura da análise, mantê-la a salvo dos nossos afetos. Caso contrário, nossa opinião não passará de elogio falso. Ora, assim dizem os especialistas em emitir vereditos sobre coisas e pessoas. Que se danem os sábios de plantão! Mil livros não valerão a palavra segura de quem conhece nossas dores e pavores. O Lima é dos nossos. E um escritor amigo dos seus é tudo de que precisamos para escrever com fé.

    Oh, Exu, tão habilidoso no trânsito entre mundos, faça chegar ao camarada Lima a última novidade por estas bandas. Trata-se de uma pequena livraria, tristemente tomada pelo fogo. Porém, como és aquele que abre os caminhos da ação, a livraria renasceu das cinzas e virou ponto de encontro dos poetas do subúrbio. O estimado recinto tem dono, mas o Lima é o verdadeiro líder. O Ivan também é proprietário do bar ao lado, o que muito promove a alegria de pessoa que luta e bebe. Não há uma só vez em que eu lá esteja que o nome do Lima não seja citado. E veja só: citado corretamente! Costumo dizer que a Belle Époque, este pequeno e bravo reduto no fígado do Méier, porque o coração já vai ocupado pelo comércio, é o único lugar seguro desta cidade, pois ninguém confunde Lima Barreto com Lima Duarte. Posso comer, beber e escrever em paz.

Enfim, para que nossa alegria seja completa, o Lima bem que poderia estar entre nós. Quem sabe neste ano da graça de 2024, cujo regente é o senhor, conhecedor dos mistérios da linguagem e da comunicação, isso seja possível. Seria uma festa sobrenatural, a maior já vista nos subúrbios!

Oh, Exu, aquele que tudo inicia, termino esta carta com uns versinhos que fiz por ocasião do aniversário do meu amigo, que completa anos hoje, em dileta companhia do Povo de Rua.

Oh, meu caro Lima!

Objeto de estudo

e de desgraça,

porque és meu amigo.

Que te louvem os livros!

Fico feliz por ti,

mas eu queria mesmo

era tomar chopp contigo.

carta 26 | elaine nunes ferreira

Elaine Nunes Ferreira, filha de Oxum e Xangô, destaca-se por sua coragem e determinação. Com uma trajetória marcada por desafios superados e conquistas pessoais e profissionais, ela se dedica à ascensão espiritual, encontrando força e inspiração na ancestralidade que guia seu caminho.

Carta para Exu: O Mensageiro dos Caminhos

Exu, Senhor das Encruzilhadas,

Em meio à sinfonia da vida, onde a encruzilhada se revela como palco de infinitas possibilidades, te escrevo, Exu, guardião das almas e mensageiro dos destinos. Tua energia pulsante, como um tambor ecoando nas profundezas da existência, guia meus passos e ilumina meus caminhos, mesmo nos momentos mais obscuros.

Laroyê, Exu!

Que teus sete braços alcancem cada canto do meu ser, dissipando as sombras da dúvida e do medo. Que tua encruzilhada se torne um portal de oportunidades, onde eu possa escolher com sabedoria e discernimento a trilha que me conduzirá à realização dos meus sonhos.

Agradeço, Exu, por tua perspicácia e agilidade em desvendar os mistérios da vida. Teu conhecimento ancestral, como um mapa desenhado nas estrelas, me orienta pelas brumas do desconhecido, revelando as lições escondidas em cada passo.

Laroyê, Exu!

Que tua ginga contagiante me inspire a celebrar a vida com leveza e alegria, mesmo diante dos desafios. Que tua irreverência me motive a questionar as crenças limitantes e romper com as correntes que me impedem de alcançar o meu potencial máximo.

Reconheço, Exu, a dualidade inerente à tua natureza. Sei que és tanto o guardião quanto o provocador, o que abre e o que fecha, o que revela e o que oculta. Compreendo que teu papel é me desafiar a crescer, a me superar, a me tornar a melhor versão de mim mesmo.

Laroyê, Exu!

Que tua chama ardente acenda a paixão em meu coração, impulsionando-me a perseguir meus objetivos com garra e determinação. Que tua astúcia me ensine a navegar pelos obstáculos com inteligência e sagacidade, transformando cada dificuldade em uma oportunidade de aprendizado.

Exu, meu mensageiro, meu guia, meu protetor, rogo que caminhes ao meu lado nesta jornada de autodescoberta e transformação. Que tua presença constante seja um farol na noite, iluminando o caminho que me leva à felicidade, à prosperidade e à realização plena do meu ser.

Kabila!

Com devoção e gratidão,

Elaine Nunes Ferreira

carta 27 | eli.s.

Mulher negra, Jurista, mãe de Alicia, filha de Sonia e Aníbal, na caminhada do Axé. Atua na defesa do trabalho digno, dos direitos da infância e no combate ao racismo. Autora do livro "Crianças invisíveis: trabalho infantil nas ruas e racismo no Brasil". Tem artigos publicados e poesias em festa.

EXU SOMOS
Mojubá
É reza, pedido, agradecimento, fita, moeda, erva, guia, búzio, ancestralidade
Meu ritual, minha rima, minha vida
Agô, Exu,
Laroyê!
Eleguá, Exu Lonã, Exu Bará, Exu Odará,
Mojubá!
Não existe erro, só caminhada
O início o meio o início o meio a gira o padê
Circularidade
Possibilidade
Nas mãos minhas, de minha mãe, de minha filha, da filha de minha filha, da mãe de minha mãe, das mãos atlânticas, calejadas, esculpidas em força, beleza, magia
O meio o início o meio o início o padê a gira
Laroye!
Abre caminho, Exu!
Vejo no passado, o presente.
O futuro, na encruzilhada.
A proteção e a sorte, na caminhada.
Elegbará, Odará,

tanta fome a saciar, tanta sede a transbordar.
Fome de viver, sede de saber,
Eu te ofereço.
Encontro simplicidade nos desafios
Conheço o mundo profundo, sem querer explicações
Sambo a alegria da vida
Laroyê!
Exu te encontro em cada esquina, nos bares, no batuque, no trabalho, na força minha e de minhas irmãs, pretas, lanças, nas instituições, na luta
Palpita o coração, respiro,
palavras fluem como o ogó,
defendo nosso quilombo.
Axé, Exu!
Laroye!
Nada me atinge contigo.
Sou fortaleza.
Quando me perco,
sinto o vazio,
o inseguro,
o medo do mundo, de mim, da minha raiz potência.
Não, eles não venceram!
Resistimos e a encruzilhada está aberta pra nós,
que somos caminho.
Que temos em ti a fortaleza dos mundos, dos segredos, da alegria, do prazer, da Justiça.
O fim é estrada.
Axé, Exu!
Porque tu és, eu sou
parte e todo.
Porque sou, somos.
Entendedores, entenderão.
Laroyê! Mojubá!

carta 28 | eloisa maranhão

Eloisa Maranhão, Bauru/SP, 1961. Amo tudo que vibra no multiverso (bichos, plantas, águas, ET's), as ciências, artes, mitologia, os paranauês místicos - quanto mais estranho, melhor. Amo meus 3 filhos e meu 1 cão. E não me rotulem de doida, esquisita, nem me apontem o dedo, que eu mordo (seu dedo).

E aí, Exu, beleza? Laroyê, meu grande! Sim, grande, mesmo sendo baixinho; me lembro que quando nos vimos da primeira vez, na encruzilhada da casa de nosso pai Oxalá, fiquei impressionada com sua figura, Exu, franzino e tão magro! Pra quem come tanto, era um espanto aquele moleque magricela.

Lembro, também, que comeu (desembestadamente!) uma gamela enorme de farofa com carne seca, quiabos, jilós, 28 espigas de milho, três galinhas, um cabrito e dois porcos – inteiros, comeu até os ossos! e, não satisfeito (porque nada satisfazia sua fome, não é?), passou a devorar as frutas das árvores, as folhas, os galhos, e se Oxalá não interviesse, teria consumido a floresta inteira e bebido os rios. Claro, passou mal, até Exu se sente mal se exagera. Então Ossain veio lhe socorrer trazendo matíolas, que fizeram muito bem ao seu estômago. Foi o que salvou a floresta, os rios, até o mar, e os animais e o povo de lá, que iriam morrer de fome, como aconteceu muito tempo depois, mas essa infelicidade é outra história.

Mas isso foi no passado, o que não significa muito, já que você sempre misturava passado, presente, futuro, e dizia em alto e bom som, sem nenhum constrangimento, "o tempo não existe, é coisa de Iroko"; sim, você sempre foi muito sábio e nunca me admirei que acabasse engolindo também as fases do tempo, e saísse por aí matando pássaros ontem com a pedra que atirou amanhã. Exu querido, a boca que tudo come e que tudo fala, o olho que tudo vê, o que ninguém engana. Saudades de te ouvir falar as línguas dos bichos, deuses, anjos, senhor da música, do fluxo, do ritmo!

Mas toda essa falação, minha, deve estar te deixando impaciente (paciência nunca foi seu forte), então serei direta e reta: por favor, abra meus caminhos para eu conseguir uma vaga nesse curso das Yabás, Mães Rainhas, estou secando de desejo de conhecer os itãs delas, pelas bocas das suas ialorixás. Não vou te oferecer ebós, porque você e eu sabemos, muito bem, que Exu é o dono de tudo, e não aceita suborno, porque não precisa de nada.

Sua benção, Exu, ex-menino-magricela, agora grande orixá!

carta 29 | evandro luiz da conceição

Jornalista e escritor, é mestre em Comunicação e Cultura pela UFRJ. Cria das oficinas de formação de novos autores na Flup, teve contos publicados no Brasil e no exterior.

Laroye, Exu!

Agô para entrar neste xirê, agô para estar e permanecer nesta roda, agô para falar de nossas mulheres, nossas ancestrais. Eu sou filho de yabá e o senhor também é. Exu, eu me conecto com a sua força, com a sua presença e essência, tão humana feito a minha.

Agô Exu e te peço agô, porque primazia é teu nome e sem a tua presença, nada é possível!

Peço agô para louvar Iemanjá, a mãe das mães, a dona das cabeças, rainha deste grande mar, cujas águas salgadas purificam o meu corpo e curam o meu ori das coisas ruins.

Exu, com seu agô, quero reverenciar minha mãe Oxum, aquela que me governa do princípio até o fim do meu existir, a bela senhora do ouro, do ventre que gera e das sementes que se multiplicam. Oxum, dona dos rios e das águas doces que se reencontram com o mar, matam a minha sede e antes mesmo de eu nascer, me abrigaram no útero de minha mãe.

Agô para render glórias à Oyá, a senhora dos raios, dos ventos e dos trovões que trazem movimentos de mudanças e afastam do mal, a mãe de nove filhos, a mulher que se pinta para guerrear e para viver a vida, a que se delicia com a bola de fogo e o ardor das paixões, a mãe da mulher que me trouxe ao Aiyê e que hoje vive no Orun. Benção, dona Marina da Conceição! Benção, mãe!

Exu, peço agô para celebrar Nanã, a mais velha das Yabás, a dona da sabedoria, da lama, do lodo e dos mistérios que nos recolhem ao Orun quando cumprimos nosso destino aqui no Aiye. Benção, minha senhora! Bença, vó!

Exu, agô para reverenciar Iyami Oxorongá, Obá, Yewá, Otin, o sagrado feminino que mora em mim e todos os corpos que cantam e dançam em louvor às matriarcas e por fim, agô para saudar a força e presença das nossas comadres, as Pombagiras. Laroyê, Exu!

carta 30 | fabiana fernandes de campos

Mulher preta periférica do bairro de Realengo. Costumo dizer que sou administradora por formação, artesã por vocação e poetisa de coração. Servidora pública federal do Ministério da Saúde. Desejo que minha poesia seja lida, sentida, vivida, pois acredito no amor que transforma e no afeto que cura!

Carta para Exu

Meu querido amigo, meu protetor e senhor dos caminhos, Laroyê, Exu, Exu é Mojubá!

Venho te agradecer por me apresentar esta oportunidade, de mostrar que é chegada a hora de tomar posse desse dom, de comunicar através das palavras, erguer minha voz com arte e poesia, obrigada por não me deixar desistir dos meus sonhos, por resistir com garra, fazer da fé, escudo e proteção.

É hora de fincar meus pés no chão, onde meus antepassados, foram escravizados, torturados, desumanizados, e a partir de agora contar a nossa versão da história.

Falando em ancestralidade, confesso que cheguei a ouvir a voz de meu avô e padrinho me abençoando baixinho "bensorte".

Salve Exu, orixá mensageiro, interceda por minha verdade: a poesia e a fé que me guia, me faz renascer a cada dia.

Chega a doer no peito, a falta de respeito, como somos tratados com palavras ofensivas e tanta discriminação por professarmos nossa fé, intolerância religiosa é um crime de ódio que fere a liberdade e a dignidade humana.

As casas de Axé têm um papel acolhedor de cuidado à saúde física, mental e espiritual, munidos de sabedoria ancestral.

Exu, me auxilia, pois tenho fome e sede: a mesma fome que assola nossos irmãos, independente da classe ou da cor.

Tenho fome de políticas públicas e sede de justiça.

Deixe-me aprender mais sobre a cultura iorubá, fortalecer meu espírito, subir mais um degrau na escala evolutiva.

E assim talvez comemorar neste solo sagrado de terreiro, útero fecundo, dançar ao toque dos ataques, sentir o arrepio na pele, e agradecer.

Sinto o coração disparar em meu peito, ritmada pelas mãos consagradas dos ogãs, saúdo as Yabás femininas, exaltando toda beleza, força, prosperidade, doçura, conhecimento e sabedoria.

Que meu Pai Oxalá traga bênçãos e vitórias, que eu possa levar o amor que transforma, e o afeto que cura a toda e qualquer criatura. E se possível for ressignificar toda dor, em ações positivas, livrai-me da bala perdida e de todas as mazelas que enfrentamos no dia a dia.

Orgulhosa por ser quem sou, uma mulher preta periférica, resisto todo santo dia.

carta 31 | frekwéncia

Frekwéncia, nascida no Rio de Janeiro e criada em Cabo Frio (1997), investiga memórias afro-atlânticas, escutas fugitivas e lacunas arquivísticas. Em sua pesquisa artística, desenvolve uma poética sônica e vibracional que reflete o emaranhamento entre o corpo, o mundo dos vivos e o dos mortos.

Rio de Janeiro, 25 de maio de 2024.

Iná, Iná Mojubá,

Fogo primordial, universo que se expande e contrai, fazendo do recomeço a única verdade possível. Na sua encruzilhada, vi o tempo correr fora do espaço. Ao te ver dançar em volta da cumeeira, pude sentir os movimentos de rotação e translação do planeta Terra.

Regente do emaranhamento quântico, boca do mundo, guardião do segredo do movimento, capaz de sacudir tudo o que parece estático. Viola o princípio da localidade da física clássica, que sugere que a informação não pode viajar mais rápido do que a velocidade da luz, pois "Exu matou um pássaro ontem com uma pedra que só jogou hoje."

Ao mastigar sua pimenta, fui reconhecida por você e aprendi que o ofó é capaz de incendiar as armadilhas da linguagem do colonizador. É no meio da sua encruzilhada que a efemeridade acontece e o movimento de fuga se articula, unindo para, em seguida, dispersar novamente, transfigurando-me no irrepresentável, inominável, incapturável, insondável, imensurável.

Quando fui iniciada nos mistérios de Iyá Mi Oyá, você me disse silenciosamente, através do Dofono Marcelo, meu irmão e seu filho, que caminhamos juntos pela eternidade, antes e depois do agora. Hoje, já não sei mais se moras em mim ou se sou eu quem te alimenta.

Ensine-me a me fragmentar e atravessar os nove portais do Orun, transbordando quando meu corpo escreve, move, risca e canta. Peço que prepare minha matéria para experimentar uma capacidade criativa que exceda as tentativas de captura e expropriação da minha energia vital e existência singular no mundo.

Com devoção e respeito,

Frekwéncia.

carta 32 | gabiá santos

Gabiá, bibliotecária, contadora de histórias e atriz em formação, resgata valores ancestrais por meio da literatura e buscadora do bem viver. "Sou uma oração bem-feita, um olhar bem dado e mel com cacau"

Agô, para escrever essa carta destinada ao senhor dos caminhos. Certa vez ouvi um Itan seu. Na história, você nasceu com muita fome e devorou tudo o que havia no mundo. Foi então que, para conter sua fome, decidiram que você sempre seria o primeiro a comer. Para ser honesta, parecia a história de um monstro, não entendi como comer primeiro poderia segurar a fome de um devorador de mundos, entre ignorância e preconceito, entendi que se tratava de um ser que transmitia medo e respeito desde o início de sua criação. E essa força me levou ao terreiro... Não queria dizer que foi por amor, mas não tenho como negar, parece bobo, mas eu amo aquele homem ao ponto de rezar por nós dois, e, naquele Dia dos Namorados cheio de brigas e conflitos, eu estava rezando muito para que pudéssemos viver em paz. Minha ideia era ir em uma missa, mas, paramos no toque de atabaque com você me chamando. Uma Pombagira me atraindo para o amor--próprio, antes que eu percebesse, a risada da moça tomou meu corpo inteiro e lá estava eu no meio da gira, girando. Exu é movimento, e naquele momento, sua energia parecia uma velha amiga me reencontrando depois de anos separadas... Talvez seja por isso que te escrevo dessa forma. No meio de todo aprendizado, tenho aprendido que Exu é caminho, escolhas e consequências, mensageiro de Oxalá. Só posso pedir que em toda encruzilhada eu consiga olhar para dentro, para baixo e para cima, consciente de onde piso, do corpo que habito e de quem me enviou. Senhor da minha ancestralidade. Jamais entenderei o quão antigo e poderoso tu é, mas entendo que o segredo da própria existência repousa na sua força. Tenho sido falha no meu desenvolvimento, mas, creio que mantendo os pés no chão conseguirei alcançar os lugares que preciso chegar. Dessa vez, por meio dessas palavras, lhe entrego meu propósito e peço para ser atendida com prosperidade, abundância e fortificação daquilo que ressoa com a minha essência mais íntima. Ainda estou me curando da voz atrofiada pelo silêncio, mas encontro nos meus guias energia para saber que dias melhores virão. Laroyê Exu.

carta 33 | geisa ferreira

Pedagoga, Especialista em Corpo, Diferença e Educação (Angel Vianna) e Mestra em Educação (UNIRIO). Uma das idealizadoras do Coletivo Casa Escola. Coordenadora pedagógica da Jangada Escola. Realiza oficinas sobre: relações étnico-raciais; lei 10639/03 e os Valores Civilizatórios Afro-brasileiros.

Laroye!

Segunda-feira, dia das almas.

Eu oscilo entre o medo de encarar essa humanidade que nos tornamos e a coragem de aceitar essa batalha chamada vida.

Também sinto a energia dos recomeços, a força da renovação, a certeza da alegria.

Sinto a sua presença, suas chaves abrindo as portas, suas traquinagens rompendo o inflexível.

Para e reparo que no meio da agonia e angústia que o presente cotidiano quer me fazer engolir eu crio frestas e nelas vou procurando respiros, veredas e novos caminhos.

Nessa pausa escolho alguns pensamentos e os repito para mim mesma. Criei o hábito de olhar para trás e reviver minhas histórias, como um remédio que tomo todos os dias para aliviar o que tá pesado. Lembrar de onde eu vim, me guia.

E hoje quero te dedicar uma memória bem longínqua, que me aproximou de sua energia, Exu.

Na minha infância vivi alegrias desmedidas junto às minhas irmãs: danças, brincadeiras, conversas engraçadas... E nesse enredo acompanhávamos nossa mãe em suas tarefas diárias dentro e fora de casa. E foi aí, bem no comecinho da minha vida que te conheci.

Lembro de uma casa que minha mãe fazia faxina: enorme, com muitas janelas e com um quintal cheio de plantas e terra. Ela entrava para limpar e eu e minhas irmãs ficávamos fora brincando no meio de altares, velas, defumadores, imagens de santos, charutos, alguidares, ervas... Para mim era um lugar profundo, cheiroso, um quintal colorido e aconchegante.

Só depois de adulta, e despida da moral cristã que fui educada, entendi que lá era uma Casa de Santo e que na entrada tinha uma referência a sua magnitude.

Um terreiro que eu pisava com meu pé pequenino e cheio de vontade de viver. Confesso que sentia um pouco de medo também... por ser tão pequena e ver um lugar tão misterioso... Lembro da sensação de uma energia que me envolvia e parecia tirar meus pés do chão. Eu apenas aceitava e me abria emocionalmente como se recebesse um abraço.

Hoje vivo essa memória e sigo tendo coragem de adentrar no desconhecido que me abre caminhos, que me aponta um quintal e me tira os pés do chão.

Confio.

Obrigada por tanto.

carta 34 | giovana de carvalho de carvalho

Giovana de Carvalho é uma mineira, historiadora preta e periférica, filha do Efigênio e da Verônica. Devota de Santo Antônio do Categeró a quem soma a fé firme na memória salgada pelo atlântico daquelas que vieram ante de nós.

"Rodopio na poeira, corre fia! Vem ver e ouvir saci dançar pra trazer lua cheia". Lembra Exu? Era assim que minha avó trazia notícias de encantaria, enquanto passava a vassoura de manjericão e arruda nos quatro cantos da casa. Era assim que ela te convidava pra soprar no ouvido histórias que ela nos traduzia enquanto quebrava a magia branca da inveja de gente que não sabe o que é ter Exu na sua frente. Traduzia sim, porque sua língua Exu, é chicote e afago, e mesmo quando a gente ouve carece ter sagacidade para entender. Porque te entender é ler o passado com olhos novos, olhos embaçados que vão se arregalando enquanto você dança, e, diante de nós, levanta a poeira que esfacela o mal que tanto querem lhe imputar. Ah, Exu, mal discernem que se tu quisesses mesmo a maldade, esse mundo não teria um único dia de paz! Será que não sabem que do seu sopro o que escorre é a felicidade da gargalhada aberta, da mesa farta, da destreza do corpo e do raciocínio? Que tua casa é a morada da inteligência e quem vive à sua sombra ferve por dentro diante da mediocridade e da estupidez, essa de uma gente boba que se benze ligeira à primeira mirada de seu ogó? Que por onde você passa a vida se multiplica, rica e abundante, porque é nas suas esquinas que habita a saúde que dá sustento a nosso Ori? Riscando a faca no chão, marcando a voz do tambor, comendo até se fartar: é assim que você nos assume, é assim Exu, que você sacraliza o que há mais de humano em nós. Tu é a presença sagrada que nos liberta da prisão colonial, essa que amarrou brilhosas tetas, decepou eretos falos, costurou fartas vulvas e apagou da nossa existência a força ardente da sua medida. Ó, tão ouvindo o som que reverbera? É o brandir do seu Ogó enquanto esmaga esses que carregam o maldizer.! Tão sentindo na nuca um calor? É o fustigar da sua passagem permanência, essa que está em todas as casas e que se move em todos os tempos e direções, saudando uma vida que só você nos traz, a da nossa memória grávida de futuros e que define o que somos graças à força criadora que sua existência bafeja sobre nós. Laroyê!

carta 35 | hércules da luz coelho

Carioca, filho biológico de Miguel Coelho e Gilsan da Luz; Candomblecista e Umbandista, filho de Omolu Jagun e Yemonja; Pai da Maria Clara e Maíra; nascido em Lua Nova 06/02/1957; formação em Economia/Direito; cavalo de Tranca Ruas das Almas, Zé Pilintra, Maria Padilha, Caboclo Tupinamba e Poeta

Exu
Nunca me joga no vazio, pois a estrada em que caminho, tem seus elementos.

Exu, tu que sempre foste meu primeiro òtá, Pedra de brita vermelha que assemelha a minha vida, um movimento sem cessar.
Boca que tudo come
consome sempre meus desafios
Vomitando outros para eu pular.

Não desisto Exu
insisto porque te tenho
no sonho e na ação;
me fizeste ter gosto pela vida
do tempo sem medida
para sua visão.

Exu olha, eu olho
Exu bebe, eu bebo
Exu fala, eu calo.
Não falo a quem a energia do movimento é seu corpo.

nesse momento, prefiro calar, Pois no calar da noite
ao raiar/falar do dia, Exu não dorme
E confabula as minhas ações, aí se não faça!!
Mójúba Exu
Laroye

carta 36 | ifasayo aworeni

Em 2017 iniciou-se no Candomblé Efon como Dofona de Jagun. Largou os cultos de diáspora, e passou a integrar a Egbë Ifá Ebi Ire, onde iniciou-se pelo Bàbáláwo Ifadiran Aworeni, renascendo como Ifasayo, aquela à qual Ifá traz alegria. Guarda na memória e em papel o relato de suas iniciações.

Rio de Janeiro, 13 de maio de 2024.

Mojubá, Pai.

Aqui quem lhe escreve é sua filha Ifasayo e lhe trago boas notícias do Aye. Iniciei-me ontem para Osun por indicação sua. Agora estou completa. Sou o princípio do início e do fim. Sou o falo e sou o útero.

Em pensar todas as noites que conversamos, em todo o trajeto até aqui... como me afastei do meu destino, mas nem ele e nem o Senhor se afastaram de mim. Sem ti, naquela encruzilhada, eu não teria trocado de caminho e não teria reencontrado meu destino. Agradeço-lhe aqui da terra por todo o caminho percorrido e guiado pelo senhor.

Baba, como que pode? Lembro da primeira vez que lhe vi e lhe senti. Ainda não entendia a força e o asé que carregava. E tu não duvidastes de mim.

Lembras-te quando comungamos na umbanda? Era o teu princípio com os falangeiros de tua banda. Fomos muito felizes, te recordas? E quando te encontrei no candomblé? Lembro no dia que o senhor me cumprimentou usando um de teus filhos, eu ainda recolhida, tu te fizeste presente na minha feitura, te recordas? Te recordas quando nos encontramos em Ifá? Baba mi, que loucura! Chorei em cima do yangui, e o senhor me respondeu! Disse que eu seria honrada ainda na terra, tu e Baba Orumila nunca me desampararam. Mo dupé, meu pai!

Agradeço todos os dias, pois és a multiplicação, a palavra, o início, o portador, o mensageiro, aquele que mais se assemelha a nós. Tu és a balança, o equilíbrio.

Já sinto saudades, mas, logo mais, te chamo em orações e rezas.

Um grande abraço de tua filha que está tão longe, mas tão perto de ti.

Esu wà gbé o!

Carolina da Conceição Alves Barbosa
Ifasayo Aworeni

carta 37 | igor simões

Jornalista e escritor do subúrbio do Rio, que escreve histórias da gente pra gente que gosta de histórias. Observador, alterna-se entre copos de café e cerveja, é otimista por natureza, realista por experiência e acredita no axé e na palavra como ferramentas de transformação social.

Rio de Janeiro, 24 de maio de 2024

Fala, Majeté! Salve sua força e toda a sua falange!

Exu, começo esta carta me desculpando pela falta de formalidade, mas acredito que usar "Senhor" para saudar aquele que é conhecido em todas as encruzilhadas e caminhos seria, no mínimo, uma contradição.

Aprendi com os mais velhos do meu terreiro na umbanda que o que você quer da gente é coragem e movimento para alcançar a prosperidade para os nossos. Sim, para os nossos, porque o Eu é apenas um apêndice do coletivo.

Aprendi também que não existe um único caminho certo ou errado, que cada escolha do nosso dia a dia envolve também uma renúncia e que devemos seguir nos movimentando e atirando hoje as pedras que irão acertar os pássaros que passaram por nós ontem.

Aprendi a confiar em você nos dias em que o dia se confunde com a noite, mesmo nos momentos em que a estrada parece que não vai nos levar a lugar nenhum. Aprendi, principalmente, que encruzilhada não é labirinto e que o contraditório não deve ser negado, mas compreendido.

Nesta carta-padê atiro mais uma das tantas pedras que me ajudam a vislumbrar um futuro de prosperidade e fartura para o nosso povo, com o desejo de aprender e transmitir as histórias das nossas orixás mães, tão perseguidas por quem só consegue enxergar o mundo como uma via de mão única.

Exu, se me perguntasse o que sei fazer, responderia que sei observar, aprender, escrever e transmitir o que aprendi para os meus. Assim como você aprendeu, pacientemente, as ciências-magias de Oxalá na criação humana para depois se tornar seu guardião, quero ouvir e observar atentamente a sabedoria e os ensinamentos ancestrais de cada uma das nossas yalorixás para ser mais um elo na nossa grande corrente de axé e abundância.

Que você continue abrindo nossos caminhos e cortando todo o mal que tentar nos atingir nesta caminhada. Sem Exu nós num faz nada.

Laroiê, Exu! Exu Mojubá! Boa noite, moço.

carta 38 | jaqueline sant'ana

Nascida e criada no Rio de Janeiro, Jaqueline Sant'ana é uma entusiasta das palavras, das riquezas e dos saberes do nosso chão. Doutora e mestra em Sociologia pela Universidade Federal do Rio de Janeiro, atua como pesquisadora nos campos dos estudos de gênero, religiosidades e literatura.

Laroyê, Exu!

Dias atrás, pedi por caminho e oportunidade. Inquieta, lancei sementes de esperança em solo incerto com a disposição de confiar no inesperado. Das múltiplas possibilidades, algo singelo firmou morada e vem criando raízes nesse chão. Janela foi aberta e jovens brotos de coragem se erguem buscando o sol, prenunciando começos e voos cada vez mais altos, motivados pela centelha da energia do senhor dos caminhos, dos encontros, da burla. Laroyê, Exu!

A amálgama dos sonhos cria realidade com tudo aquilo que foi, tudo aquilo que poderia ter sido e tudo aquilo que há de vir. Sem prejuízo, o início comporta o fim, o presente, o passado e o futuro. A incerteza sobre o que virá, guarda em si a confiança naquilo que sempre esteve escrito e gravado em pedra. E eu peço, Mojubá, o fogo e a determinação para seguir jornada mirando o alto, abraçando o inesperado, driblando empecilhos, saudando as chances para o novo que vem e para o antigo que ficou estrada afora. Peço a força e a grandiosidade do riso diante do perigo, da gargalhada que desestrutura, do gozo que reorienta. Peço o entusiasmo e o poder da palavra que desata nós, dos passos que desbravam rumos, do axé nos anima a cada dia.

Laroyê, Exu!

carta 39 | joão di sá

Sou nascido e criado na beira do Parque Estadual da Pedra Branca - unidade de conservação ambiental considerada uma das maiores florestas urbanas do mundo. Cresci desenvolvendo minha sensibilidade através dos Terreiros. Criador da Sassan - Soluções Naturais, escrevivente e neto de dona Iracema.

Como havia te prometido preparei um frango, um frango-da-noite. Enfeitando a mesa, pus a toalha que absorvia a incandescência das velas, menos uma; ao centro uma garrafa d'água que seca e queima, não dá que refresca e sacia. Ansioso pela sua chegada esperei, esperei, esperei. As vinte e uma horas em ponto, quatorze batidas fortes no portão de ferro maltratado e carcomido pelo tempo me tiraram do transe que me encontrava admirando o seu banquete-oferenda. É Exú, ele chegou, pensei. Abri o portão rapidamente e era um menino de sete anos, filho da vizinha que trabalhava até essas horas, estava sozinho em casa e vinha me visitar atraído pelo cheiro do seu frango. Como negar, Exú? Em uma hora seu frango que era um, tornou-se meio, comeu com farinha; era só o que também tinha. Como comia aquele menino. Se foi rindo quando o único irmão mais velho, veio buscá-lo. Ajeitei o frango de modo a minimizar a ausência da sua outra parte, que apesar de já ter sido da noite, parecia como todos os outros que ciscavam de dia. Novas batidas no portão renovaram minha esperança na chegada do Senhor, não era, mas foi. Dessa vez uma mulher de olhos rubros, vermelhos como o fogo, vermelhos de felicidade, do êxtase de quem acabara de embarcar nos prazeres mais mundanos da vida. Sentia fome, fome e alegria. Desejei, meus olhos também rubros, me resguardei e me contentei em matar sua fome. Como comia aquela mulher, comia e gargalhava. Comia e ia, e se foi. À meia noite em ponto ouço, renovadas as batidas no portão. É Exú, agora é ele, só poderia ser o Senhor, como foi das outras vezes. Sopro as velas rapidamente, tão rápido quanto abri o portão para o caçula, tão rápido quanto desejei me entregar aos prazeres dos olhos rubros da mulher. Me encolhi na cama, falei baixo e suavemente ao portão maltratado e carcomido: Àgò Èṣù, volte mais tarde.

carta 40 | joel pires marques filho

Advogado Antidiscriminatório, Civilista, Consumidor e Família, Mestrando em Sociologia e Direito - PPGSD/UFF, Pós-graduado em Direito de Saúde, Graduando em Filosofia/UFF, Vice-Presidente da Comissão de Diversidade Sexual e de Gênero da 58° OABRJ/Leopoldina e Doutrinador - BDJur/STJ

Carta pra Exu / ÈSÙ

Laroyê, meu Amado Pai Orixá ÈSÙ! Meu Amado Pai ÈSÙ é mojubá! Nos dê meu Amado Pai ÈSÙ entendimento e aceitação sobre a vida! Meu Amado Pai ÈSÙ a vós todos os meus respeitos! Meu Amado Pai ÈSÙ é forte, ágil e sábio e eu me curvo a sua força, agilidade e à sua sabedoria! Peço ao meu Amado Pai Orixá ÈSÙ que sempre que dermos o passo em todas as áreas da vida ELE nos dê já sempre o chão com caminhos abertos para nós podermos já caminhar e recebermos aquilo que somos merecedores de receber e/ou merecedores de deixarmos de receber (porque o sim de ÈSÙ é uma benção e o seu não é uma benção redobrada) e, se por algum motivo, o nosso caminho estiver fechado que ELE faça já o erro virar acerto! (Merecimentos) E, se por algum motivo tentarem nos acertar com maldizer, flecha, tiro que ELE faça já o acerto virar erro! (Livramentos) Porque o CAMINHO é ÈSÙ e ÈSÙ é o CAMINHO!

Nessa continuidade e circularidade, quero morrer um dia, com o meu trabalho acabado. Ilumina-me meu Amado Pai Orixá ÈSÙ, me guia, me faz forte, controlado. Sou bom, não tenho inimigos, fico de costas para a rua, o sol me aquece, é meu amigo, estou sob a guarda da lua. O mal não me alcança, não existe, é cria do homem, invencionice. Valha meu Amado Pai Orixá ÈSÙ, me guia, a tua energia me irradia. Não me destruo, te respeito, na minha cabeça, no meu peito. Na devoção aos Orixás, a ti primeiro irei saudar, todo destino ou mensagem, todo trabalho a ser feito, tu és a porta, a passagem. És o primeiro conceito! Valha meu Amado Pai Orixá ÈSÙ, me guia nas trevas e na luz do dia, faço esta Carta pra Exu / ÈSÙ por meu sorriso, esperança e meu pranto. Laroyê, meu Amado Pai Orixá ÈSÙ! Meu Amado Pai ÈSÙ é mojubá! Axé!

Carta pra Exu / ÈSÙ assinada por Omo (filho) de Exu / ÈSÙ Joel Filho - Em resumo: Afro-Indígena, nascido Intersexo 47 XXY e pertencente aos povos tradicionais de religiões de matrizes africanas e de terreiro.

laroyê

carta 41 | joyce rangel

Nascida no subúrbio carioca, é candomblecista e Ìyàwó de Yemanjá. Pedagoga em formação, foca no letramento racial e na educação afro-brasileira. Discípula das palavras e de Exu, vê a palavra como alimento e fundamento. Carrega em sua ancestralidade o chão que testemunha e conta histórias.

Verso-Oferenda à Exu.

Peço Agô ao dono das palavras,
saúdo meu grande amigo nas encruzilhadas
Tomo do gole de vida que me assenta,
Encho o co(r)po com tudo que me arrebata,
Celebro o Deus do Fogo Vivo que arde no tempo e em mim.

Peço a bênção a Oníbodè pelas travessias dos portais,
e digo em voz alta, como se prece fosse:
"Èsù habite em minhas palavras e as transforme em Ofó,
nesse verso-oferenda alimentando-as de tudo o que o parir dos novos ciclos merecem".

Firmo ponto com Dona Padilha, Dona Figueira e Dona Tàata,
para compreender e desassombrar o que vim e tratei de ser por estas bandas de cá.
Que em suas sabedorias esteja o meu fundamento

Para que a morte me encontre sempre vivendo.
Èsù, que faz o erro virar acerto,
Que transita no "entre", que me sacode quando a vida vai mansa,
Que me desperta quando a rotina me cansa,
Que sussurra em meus ouvidos as danças
que minha memória-corporal-ancestral quase reconhecem de cor.

Èsù, que me alumia,
Que me permeia,
Que me atravessa,
Que guia meu corpo e lança aos sete ventos, às sete saias,
aos sete tempos, a minha própria sorte.

Èsù, que me ensina a celebrar esta vida,
que gargalha como estratégia,
que combate o desencanto fazendo festa
Èsù, que está ao meu lado,
nas minhas costas,
que está à minha frente,
Èsù que é e dá caminho.

Meu pai. Meu mestre. Meu irmão. Meu grande amigo!
Adupé pelas an-danças e por sentar na beira de minha estrada comigo

Abre caminho pro moço,
Abre caminho pro novo,

Abre caminho pra moça,
Abre caminho pra roda,

Giro a saia!
Eu trânsito pelas ruas
e caminho pelas águas.

Laroyê Èsù!

Èsù kobe sire mi.

carta 42 | juliana correia

Jornalista, escritora, contadora de histórias, autora do @baobazinho, trabalho que une arte, memória e educação a partir da tradição oral negro-africana. Mestra em Educação (UFRRJ) e mãe do Francisco, é pesquisadora das artes e culturas negras, com vivência no funk (anos 1990), no samba, na capoeira

Rio de Janeiro, 20 de maio de 2024.

Para Exu, o Senhor dos Caminhos.
Agô! Mojubá!

É segunda-feira e redijo esta carta com a mesma reverência e carinho com que preparo e te oferto padê.

As mãos que misturam farinha de mandioca e azeite de dendê hoje escrevem para pedir a sua bênção.

Me permita, Senhor, adentrar os sete reinos. Eu, Juliana Correia, artista da palavra, rogo o axé do Orixá da Comunicação, do Mensageiro entre os mundos, para abrir meus caminhos.

Há alguns anos, Exu, eu estava perdida. Pensava seriamente em abandonar a Literatura, lembra? Mas fui ao oráculo e a Iyalorixá avisou que o Senhor me orientava, por meio dos cauris, a não desistir.

O Senhor também revelou que sou filha do Rei de Ketu e da Rainha de Osogbo, o que tocou profundamente o meu okan. Desde então reconheço comigo o silêncio, a coragem e a estratégia de Baba mi e a sagacidade na arte de negociar de Iyá mi. Axé o!

Depois conheci Ifá. Desde então, me sinto ainda mais forte e próspera. Lá, o Oluô ensina sobre a Sua profunda relação com Orumilá e imensa alegria me invade a cada novo aprendizado.

Me tornei bem mais atenta também. Agora sei apreciar a lua grande, o cantar do galo, o badalar dos sinos, os mistérios das cabaças pendentes do teu ogó. E tudo isso reflete no assentamento de minhas palavras, na minha escrita, inevitavelmente.

Te oferto a presente carta como ebó. Desejo que a aceite. Que a oferenda torne meus objetivos propícios. Tudo o que almejo é seguir honrando a minha ancestralidade a partir de uma LITERATURA que fomenta a construção de imaginários positivos sobre nós: África e diáspora negra.

Diante esta grande encruzilhada literária, me curvo, bato paó e brado:

Laroyê, Exu!

Juliana Correia

carta 43 | juliana neris

Juliana Neris é mãe, fotojornalista, comunicadora popular, sambista, produtora cultural e co-fundadora do Portal Comunicria. Nascida e criada na Vila Vintém, em Padre Miguel, a comunicadora tem um intenso trabalho dedicado à cultura popular, samba, carnaval e o cotidiano de favelas do Rio de Janeiro

Numa carta simples, com vibração dos atabaques,

Ecoando na alma, Exu, senhor das encruzilhadas, compactuamos pactos,

Comandante dos caminhos, meu guardião,

Ogum, meu pai, o grande guerreiro, com sua espada na mão,

Ordena: "Louva Exu!", e eu obedeço sem hesitar.

A cada passo da jornada, ancestrais a me guiar,

Sua força me impulsiona, como BK bradou

"Somos a continuação de um sonho coletivo"

Mas no ritmo do universo, na dança do amor,

Não sou continuação, sou parte de Exu

Despida de vaidades, na correria do dia a dia,

Com sede de vitória e de sabedoria,

Mas vencer o quê, eu me pergunto
Venço porque na encruzilhada, encontro a solução.

No branco que cobre minha pele preta, vejo a pureza refletida,
Assumindo a risada da Dona que me empoderou, a vida colorida.

Salve, Dona Padilha, na sua luz me banho,
A cada dia mergulho mais fundo, reconhecendo Exu em meu caminho.

Laroiê e Mojubá.

carta 44 | juliana sá

Sou cearense, nascida em Fortaleza, enraizada em sonhos e fé a partir da união da família 'Ferreira Alves' com 'Barros Sá', filha da Lucilene e do Jackson, irmã do João Pedro. Estou uma nordestina migrante no Rio de Janeiro há nove anos.

O que eu te escreveria, Exu?

Pensando bem, cartas são para quem está longe ou para dizer o que a gente não consegue verbalizar "olho no olho", como as cartas que deixo para minha família quando volto para o Rio. Servem também para que a gente não esqueça um sentimento que fez parte da nossa história, como as cartas que escrevo para mim e guardo.

Uma carta para Exu. Uma amiga minha disse que seria a atividade mais fácil para mim, mas fiquei uma semana tentando conceber a ideia de te escrever algo.

O que eu te diria, Exu? Não há o que te revelar.

São nos teus movimentos que tenho descoberto a Juliana. Não há distância a romper, meu amigo express. Exu express. Que prontamente aparece valendo-se de qualquer forma — pessoas, sonhos, escritos, paisagens, intuições — sempre perceptível aos meus sentidos.

Quando tento resgatar o primeiro momento em que reconheci tua presença, volto a sensação do útero de minha mãe, flutuando enquanto percebia todo o caos que se propagava aqui fora com a minha chegada.

E eu vim. Cresci católica, evangélica, sem religião e, agora, umbandista.

Em todas essas voltas, eu soube que os encontros inesperados, a audácia de desbravar novas direções, a coragem de afirmar novos sentidos, o movimento constante, interno e externo, eram virtudes de quem guardava os meus caminhos, me levando de um lugar a outro e costurando todos eles numa enorme colcha que me aquece na vida. Mais do que uma força, tu sempre foste uma presença, que nunca mudou, em cada chão que eu pisei.

Não há distância.

Quantas vezes o mundo desmoronou, como nessa quarta, e eu pude me refazer acreditando nos movimentos que meus olhos ainda não veem, mas que eu posso sentir. É que, nessas encruzilhadas, caminho sabendo que, em mim, uma parte é mais do que sou. É a tua parceria, tua permissão, que torna a vida terreiro.

Não há nada que eu te revele. O que eu te escreveria, Exu?

carta 45 | karine rocha

Formada em Literaturas de Língua Portuguesa e mestre em Literatura Brasileira pela UFRJ. Pesquisa, desde o mestrado, literaturas de autoria negra, em particular as de escritoras negras contemporâneas. Em seu nome constam publicações de artigos e participações em eventos da referida área de estudo.

Salve, salve

Não escrevo carta. Deixo, talvez, um recado,

passo mensagem ou até mesmo mando o papo,

porque é trocando ideia que a gira gira

e o mundo roda enquanto Exu comanda.

É na lida,

Na encruzilhada da vida

Que te encontro e me encontro tentando te encontrar.

É de conto em conto

Que vou batendo o teu ponto

Mesmo que eu fique tonto de tanto cantar.

Porque meu canto te encontra,
Nessa palavra santa
Que é exuzilhar.
Cidinha me ensinou que teu nome reúne tudo,
Toda a gira do mundo
e os destinos que vão se cruzar.
Assim, quando me sopra ao pé do ouvido,
ouço um qualquer ruído
e logo decido tua voz escutar.
E o teu conselho,
que aceito ligeiro,
me tira do caminho em que não devo estar.
Se me visto, de pele e do manto enquanto teu ponto me faz transitar...
Entendo, Senhor dos Caminhos, os mistérios do mundo e do tempo espiralar.
Laroyê, Exu.

carta 46 | keila gomes

Keila Gomes é mãe, professora, escritora, pesquisadora de território moradora da Zona Oeste e brincante de coco de roda. Trabalhou em diversas frentes além de ser fundadora do evento Aquilombar ZO

Desde então não parou mais em alternar sua vida nos batuques, letras e salas de aula.

Amigo do meu Orí,

É curioso ter que escrever para você, já que escuto cada sussurro seu nas letras que coloco nessa vida de encruzilhadas. Seja no quadro da aula, no papel ou no espelho. Você está no caos e no renascimento de mim; a cada batida que dou no couro do tambor desse ayê. Sei que está aqui ao meu lado, com seu marafo, ora sorrindo, ora me descendo o sarrafo! Sei que você já sabe se essa carta será aceita e o propósito dela. E eu entrego em suas mãos o que deve ser.

Ai de mim se não fossem suas palavras mudas, suas possibilidades, seu começo, meio e começo. Você é indescritível para quem não sente e nem quer saber. Incapturável dentro da colonialidade que não te cabe, e por isso te pintam como diabo, que cá entre nós, tem narrativas bem mais interessantes que essa culpa católica.

Meu objetivo aqui é alimentar meu Ori. E sinto que, se for de sua vontade, terei a honra de pisar em chãos sagrados. Aqueles que estão por aí, nas ruas, nos cantos. Porque sei que é assim que alimento meu espírito: tirando as palavras da minha cabeça! Escuto sua gargalhada! Porque você sabe mais que eu sobre meu Ori e o que ele precisa. Você pede para eu honrar quem veio antes tocando meu tambor. E eu sempre faço por você. Senhor do fogo vivo!

Eu sei que falta algo! Que me autossaboto por não ser a feiticeira que me cabe. Que caio por teimosia e indisciplina, mas que, de alguma forma, sei que para lutar é preciso curar primeiro.

Tenho em mim a certeza de que irei te sentir quando ver meu nome escrito nesse livro tão bonito. É tempo de recomeçar, meu Senhor. E eu estou pronta.

carta 47 | keith ferreira

Mulher, mãe solteira, espírita, mangueirense, amiga, advogada e estudante pós-graduanda na UERJ, caridosa, uma mulher simples.

Boa noite, amigos, guardiões! Salve sua luz minha Rainha das Sete Encruzilhadas, Sr. Marabô e Trancas Ruas de Embaré e das Almas, bendito sejas meu amado Exu e malandro da Mangueira.

Salve a luz e ar que é tudo de vcs, é poder, é energia e palavras, obrigada por me visitarem, neste domingo das mães, que homenageei meus pretinhos velhinhos, quem diria, vcs ajudaram e integraram todos os trabalhos, e cá estou eu, mais limpa, feliz e suspirando o bálsamo que vcs trouxeram ao meu lar. Gratidão amigos.

Não sei se adianto assunto, mas acho conveniente, em meus dias futuros será aquela correria, afinal vcs estão aprontando todas, rsrrsrs. Mas quem mandou eu pedir aberturas de portas e proteção, vieram com serviço prontinho, só vou, tudo entregue meu povo e lá vou eu, seguir nova direção, sei que direita, na esquerda, atrás ou na frente, vocês já negociaram, corre estrada, ilumina rua, abre a porta , conversa daqui, conversa de lá, eita que vcs sabem se comunicar, podem me zoar, eu sei que vivem a falar: vêm vindo a moça do fogo e do trovão, pra fazer tempestade, pra falar em caridade, e a gente segue junto dela, porque esse coração tem luz, fé e paixão.

São Miguel sacudiu a balança, leão rugiu bem alto, sobretudo, teve vento assobiando, o que vcs estavam por aí andavam falando, e quando vento ventava letrado, eu sabia, ou, é Bara quem vem desbravar mais uma oportunidade, quem sabe é qual de vcs estavam chegando.

Laroiê Exu!! Laroiê!

Exu, o quê vc vai correr e buscar pra minha vida? Vocês já vivem a me iluminar, onde querem me levar, eu vou e sei que por onde eu passo, são vcs a me zelar.

Laroiê Exu, Laroiê! Salve esse povo de luz, de fé, do ar, da caridade na minha vida, que cuida de toda minha família e amigos, que não deixa faltar o que preciso, que me salva de todo perigo, que me ensina que fazer o bem já abre meus caminhos.

Obrigada, obrigada, obrigada.

Abraço pra todos em especial Exu Mangueira, amigo fiel, minha alegria circense da infância pra vida toda.

carta 48 | kerol santana

Kerol Santana, 31 anos, Química, Atriz, bailarina e escritora, mesmo formada na área de exatas, o encanto por palavras e poesias se tornaram latentes aqui dentro, como forma de Existência e Resistência.

Eu andava pelo mundo sem destino certo

Até te encontrar

Das corridas que cortam o vento

Das águas que abrem caminho

Da farinha que se dá pra comer

Acende vela, firma a cabeça

Cigarro, dendê

Firma a reza, risca a pemba

Atenção menina!

Caminhei por dentro de mim mesma

Saravei Exu, eu sou Exu

Da esquerda para a esquerda

Eu fiz escolhas
Dessas que movimentam um universo de coisas
Desconhecidas
Em cada passo lento
Dado nas encruzilhadas que encaminha
O tempo
E não se acha quase nada, o que se há de achar?
Onde tudo começa e termina?
Exu não é o Diabo! É o meu guia
Dou passagem no meu Ori para passar, sagrado, meu corpo sua oferenda, sua risada sinergia, daquelas que se perdura no tempo, das encruzilhadas da vida, cura.

Laroyê Exu, Exu é mojubá

carta 49 | laís furtado

É pessoa de terreiro e brincante da cultura popular acompanhada desde criança pela magia do teatro e da dança. Comunicadora, produtora e astróloga, atua com os povos tradicionais e da floresta. RITA é roda ritual em honraria aos saberes ancestrais, celestes e encantarias. @llaisfurtado @giracosmica

agô, Èsù! salve sua força, meu grande amigo!

hoje é segunda, 13 de maio, dia auspicioso pra essa conversa nossa. peço licença pra uma palavrinha. escrevo pra agradecer, sempre, por toda a proteção na caminhada, como todos os dias em que conversamos e até naqueles que (eu acho que) não. escrevo pra pedir uma mãozinha. mais uma, nas demandas dessa vida...

em breve vai acontecer um mergulho mágico em saberes sagrados sobre yabás com iyás em terreiros do Rio de Janeiro e venho sonhando em participar dessa gira de saias!

como o senhor é testemunha, esse ano tive coragem de parir um sonho muito antigo: RITA, encontros rituais de mulheres em roda pra celebrar os tempos e movimentos da lua, das estrelas, das yabás e pombogiras. astrologia e candomblé. até podem parecer distantes, mas são linguagens oraculares incríveis e complementares. e de oráculo, enigmas, dobras no tempo e brincadeiras, o senhor entende e é rei!

como diz meu pai de santo: o conhecimento é repartido, ele não está em um só lugar. e a gente que lute pra catar e aprender, né? pois aqui vou eu! tudo isso depois que ifá me falou das mães ancestrais e recomendou que eu cuidasse dessa linhagem feminina. tudo isso com Osa Meji permeando o destino e sussurrando entre opeles e cauris que eu carrego missão bonita pra cumprir com esse sagrado. ebó de conduta.

a magia que tá pra acontecer nos encontros das yabás, mães rainhas será um marco muito importante de abertura de caminhos e conhecimento. bori de sabedoria e lembramento. ranti! que as mães ancestrais e yabás abençoem os passos dados, esse trabalho e toda a gente envolvida. que seja irê odara!

saudações da sua grande fã e amiga, Laís.
modupé! laroye, Èsù!

carta 50 | lívia florença callado

Lívia é mulher preta, do rio, criada em olaria, neta do axé da Vanilda e da Marlene e filha da Márcia. escreve desde os 11 anos de idade e estreia publicamente neste livro, com o empurrão de exu. acredita numa educação afetuosa e pratica uma pedagogia acolhedora há 4 anos na AVULZA.

caralho. puta que pariu. como assim é isso que tenho que fazer? tudo coincide agora. foi você quem me lembrou!!! foi o teu sussurro que ouvi ao faltar pouco mais de duas horas pra acabar a inscrição, me relembrando do caminho que eu flamejei seguir ainda no início do mês. "eu te levei até a abertura e agora vai perder o prazo, moça?"

você sabe, tá sendo difícil pra caralho seguir qualquer caminho quando meu maior desafio tem sido levantar da cama. a depressão só não me corroeu ainda pela força que a ancestralidade e espiritualidade têm depositado no meu travesseiro a cada dia. posso demorar a levantar, mas sei que tu tá trabalhando juntinho comigo pra não me impedir de me reerguer.

sei que tu tá comigo ao sair e voltar pra casa. sei também que a batalha tem sido árdua aí desse lado pra bloquear e impedir sucumbências internas e externas. porra, sei que às vezes tu tá berrando comigo e eu racionalizo e não escuto. mas ainda assim, sei que você não arreada o pé daqui. é quem me fortalece e impulsiona mostrando que minha estrada não é esse poço fundo de agora. tenho caminhos, tenho opções, e tenho a tua benção pra percorrê-los. basta eu me sentir confortável e parar de desviar.

e por isso escrevo pra te afirmar: tô me inscrevendo no processo formativo e não vou parar!!! mesmo escrevendo esta carta me tremendo, com o intestino embrulhado e o relógio tiquetaqueando contra o tempo, eu sigo escrevendo. porque eu tô te ouvindo gritar comigo, eu tô te sentindo estender os braços pro que já é meu caminho e me sacudir. te sinto me empurrar a cada caractere digitado. não vou deixar de te escutar. vou apertar enviar. te peço licença, te peço pra manter firme a proteção, te peço pra soprar força pro meu coração - eu tô indo. Laroyê, Exu! eu te ouço. vou levantar da cama. vou participar de todos os encontros. vou caminhar. sem titubear, tá? sei que tu tá me segurando. tô indo lá. enviar!

carta 51 | luara d'oyá

Luara D'Oya porque não há apelido colonial que me defina. Cria da baixa fluminense, do quilombo urbano Enraizados, do coletivo tambografar e da rua, minha escrita se dá como um mergulhar em meu próprio orí (íntimo, cabeça) e no das pessoas ao meu redor. Eu peço licença ao rei para me afirmar poeta.

Agô! Que o primeiro do xirê me veja como pessoa digna. Sempre me envergonho ao pedir misericórdia, me sinto falando com um santo católico --frutos de uma socialização embranquecida-- agora no choro, no choro não, no choro eu sou eu e o Senhor me escuta em um, no ódio também não, somos um, nos sorrisos também não há vergonha, somos um. Cito essas emoções humanas, para te dizer, meu pai, que na emoção não há mentira e onde não há mentira Éṣú se faz, no vento, nas casas sem portas e nem janelas, no fôlego de vida, no início tudo se fez exusíaco, o movimento. Éṣú, meu pai, não me manipule! Mesmo sabendo que o seu caos reorienta e reorganiza o rumo das coisas, mesmo sabendo que o seu "não" é mais valioso que dois "sim", mesmo sabendo que um passo em falso desvia do caminho espinhoso. Ainda sou muito menina para entender a centelha de Éṣú em mim, muito resultado do esmigalhamento da subjetividade que o racismo produz, o senhor sabe né, meu pai? Acho que muito da expectativa frustrada que coloquei no senhor foi por idealizar uma figura paterna perfeita aos meus moldes, o senhor sabe, né meu pai? Traumas do abandono, um déficit colonial que segue desmantelando as nossas famílias. Acredito que só conseguir te ver como pai já evidencia um processo de cura, aos berros e prantos no terreiro ao cantar "Para chegar aqui atravessei o mar de fogo! Passei no fogo, o fogo não me queimou, pisei na pedra e a pedra balanceou (...)" já é um reflexo da sua paternidade em mim. Que eu saiba me ver completa ao analisar a junção de Yabá e Oboró em mim, que minha feminilidade se expanda ao me conectar com minha masculinidade. Te teço rezas porque não vejo outra forma de me direcionar aos seus pés que não através delas. Que minha cabeça também seja um facão, reduzindo os problemas, as questões, a demanda, os medos. Meu pai, minha vontade é poder envelhecer assim como Yá Beata de Yemoja e dizer "Ęşú? Ęşú sou eu aos 79 anos", que nos encontremos, que a sua existência possa encontrar refúgio no meu amor e também no meu ódio de mundo, e vice-versa. Que enquanto houver Ęşú, haja eu. Koba Laroye.

carta 52 | luciana sirimarco

Luciana Sirimarco é jornalista, terapeuta xamânica e contadora de histórias. Criadora do projeto Histórias de Vivaré, onde apresenta histórias autorais que abordam a mitologia dos Orixás e a literatura indígena valorizando a narrativa griô e reverenciando a ancestralidade

Exu,

Aqui estou a dizer, sigo conforme combinado.

Confio que sua capa cobre tudo.

Vó Edith segue trocando sua cachaça e sempre melhora da dor da perna quando faz isso. Repete a mandinga que a bisa ensinou o fumo de rolo, pouco de cachaça, passa na perna e aguarda. Enquanto isso, pega cigarro de palha, fuma e canta. Sempre vejo que dá gargalhadas. Perguntei: "Vó, que tanto a Sra ri com a cachaça e esse fumo?"

Sorriso de canto de boca diz: "Não se mete menina, isso é entre Seu Marabô e eu" Insisto, gargalhada solta responde: "Quem sabe um dia eu conto".

Exu, fico na dúvida se é a vó mesmo, mas ela feliz, fico feliz.

Exu, o Tio Bené, depois dos banhos que o Sr mandou fazer, o padê que ele colocou na encruza perto da rodovia, eu digo, o Tio é outra pessoa. Fico impressionada com o tio e com o Sr também (rs). Rindo com respeito. O Sr, sabe como ele bebia, ficava agressivo, mas agora, tudo mudou. Ele percebeu que só perdia. Agora acorda cedo, trabalha, estuda e fala até em concurso público! Às sextas só anda de branco e faz banhos. Vai com a vó no terreiro. Escutei a Iyá falando que ele é Ogã e por ora esse é só o começo do caminho. Meu tio Ogã!! Já pensou?

Outro dia, estava rindo e perguntei: "Ô tio, tá rindo do que?" "Sossega menina, estou aqui com Exu!" "Rindo do que? Quero saber!" "Isso é entre a gente! Quem sabe um dia eu conto" Soltou uma gargalhada e fiquei na dúvida se era ele mesmo.

Meu Sr, as palavras que lancei ao vento em noite de luar, como o Sr ensinou funcionou. Caminhos foram abertos e uma alegria. Minha filha teve o trabalho aprovado em Marrocos!! Isso mesmo!! Já pensou? A professora apresentou, mas o nome e as honras foram pra ela. E já tem outros convites. Exu, só em pensar as lágrimas só rolam.

Exu, não tenho a pedra que o Sr já lançou comigo e talvez nem tenha um dia, mas quando vejo as encruzas que passei, refaço e sigo matando todos os pássaros.

Encerro por aqui feliz e ciente que "toda vez que na rua eu caminhar" sei que o Sr está comigo. Laroyê! Mojubá! Axé!

Sua filha,

Luciana

carta 53 | magna domingues torres

Magna Domingues é psicóloga, roteirista e diretora. Realizadora de projetos de educação, literatura e cinema com foco no protagonismo negro.

É mãe que cria filho, projetos, oportunidades e é obcecada pela ideia da imortalidade, por isso escreve todos os dias, com a pretensão de viver para sempre.

Eu sei que não existe Jornada da Heroína sem você.

Estou aqui na encruzilhada. No meio do caminho. Não estou em movimento, tampouco parada. Estou me preparando para seguir as etapas da minha jornada.

"Caminho não se move sozinho, é preciso caminhar", foi o que ouvi enquanto pedi um sinal para seguir. Logo depois eu te encontrei.

Te escrevo aqui e agora, bem no meio da encruzilhada, com fé na pedra que foi jogada ontem, com fé também no que virá.

Não posso demorar e não posso correr, preciso agir no Teu tempo, no Tempo de Exu.

Se Exu abre caminho e libera as portas, não existe jornada sem a sua permissão.

Saí do mundo comum quando descobri que ali não era o meu lugar. No primeiro momento eu resisti, mas tive você como mentor, que me permitiu atravessar. Estou no meio das provas, de frente para os meus aliados e inimigos, discriminando o lugar de cada um. Perto da caverna, reconheci a minha própria sombra, te entreguei o meu Ebó.

Me tornei heroína de mim mesma e agora caminho de volta para o meu novo lugar, sob a tua proteção e permissão. Nenhum caminho é igual depois do teu Axé. Revivi depois de uma jornada de transformação. Sobrevivi sendo regada por lágrimas doces e salgadas.

Caminhei o caminho, mas ainda é preciso caminhar. Eu vejo onde vou chegar, mas nada sem aquele que passa na minha frente e abre os meus caminhos.

Cada alvorada é milagre que nasce. E todos os dias agradeço e peço mais uma oportunidade para dar o próximo passo e passar por mais um portão.

Muito obrigada, Axé.

Laroiê, Exu.

carta 54 | marcelo arminda da conceição

Ator, escritor, educador.

Atualmente, professor de ensino básico, técnico e tecnológico de literatura, tendo atuado em salas de aula nas três esferas do poder público e em escolas das mais variadas realidades: de quilombolas a escolas técnicas; de graduações a escolas em unidades prisionais.

Mo Júbà, Èṣù.

Baba, como sabeis, tarimbo-me por uma existência como possibilidade político-poética. A meu ver, existimos em presenças afeitas a corpus que se reconhecem como iguais; sendo porque é sendo em outro, pois ao outro se afeiçoa; uma ontologia que é em coletivo, cuja dinâmica escapa ao pensamento exato, ao tempo cronológico e ao espaço cartográfico.

Recorro a vós, pois, Èṣù, meu amigo, para interceder pela minha escrita a fim de que eu participe desta formação da FLUP "Yabás, mães rainhas" e, então, desenvolva narrativas ainda mais críticas aos discursos canônicos que estruturam um sistema de valores que repousa em enlaces de valorização recíproca. Ao contrário, desejo produzir poesia como um entrelaçamento do tipo rizomático: conhecimento que vai da palavra ao corpo e do corpo à palavra, ao passo que se desdobra para os lados, para cima e para baixo, na medida mesma em que relanço outras redes, sem necessariamente desemaranhá-las, quando ausculto os sintomas das leituras que faço em meu próprio corpo, metonímia do corpo de um leitor qualquer. Babá, recorro a vós porque vós sois quem podeis nos entender.

Sim, vós não vos adequastes ao sistema maniqueísta cristão, pois vós não consubstanciais as "virtudes" dos santos católicos, cujo caráter repousa numa expiação de vontades mundanas para a ascensão sagrada, porque casta, sóbria, pia. Vós, em oposição, representais o valor do aqui-e-agora, segundo o qual faz valer o vigor, a vontade e a virilidade como virtudes!

Sede meu amigo, Èṣù! Fazei com que eu produza literaturas mais afeitas a nós! Literatura que não aleije todos os outros mundos em que vivem homens e mulheres à parte do usufruto da "modernidade", pois mundos formados por vivos aquém do homem "universal" – ainda que pratiquem saberes de há milênios, transmitidos, traduzidos e transcriados por uma rede de vozes que subjaz à voz da autoridade grafo-ocidentalocêntrica, produtora de categorias de pensamento que formulam não só o homem "moderno", mas "seus outros", nomeados, quando nomeados, sempre selvagens, sempre bárbaros.

Ajudai-me, Èṣù.

Laroyê!

carta 55 | maria eduarda burchardt

Estudante de medicina, pesquisadora, amadora das artes, cantora de chuveiro, escritora de diários e sonhadora de mundos melhores

Laroyê senhor Exu,

Sou Maria Eduarda, menina-mulher da pele branca, crescida toda a vida em colégio católico, e, por isso, demorei muitos anos para ouvir falar do senhor. Tomada pela curiosidade, fui à gira pra gente conversar semana passada. Me disseram que é o senhor quem abre os caminhos, e eu bem tenho procurado o meu, então imaginei que pudesse me ajudar. Acontece que a casa tava cheia e, quando cheguei, já não tinha mais senha pra consulta, infelizmente. Sentei por lá de qualquer forma para escutar a palestra, na qual os dirigentes se empenharam em dissolver a ideia de que o senhor é o diabo, já que tinham muitas pessoas novas na casa, como eu, e o senhor sabe como o povo lhe difama por aqui, né? Não acredito que o senhor seja um malfeitor. Da forma que entendo, é como um Mercúrio africano, um mensageiro e também um intérprete, já que a linguagem do divino não é igual à dos humanos, e, portanto, é preciso alguém que traduza as nossas orações ou os conselhos dos Orixás em linguagem apropriada. Pra mim, a bondade ou a maldade está associada à pessoa que faz os desejos, mas percebo que nós humanos temos um prazer em atribuir o mal a uma entidade externa a nós, como forma de nos eximirmos da culpa, outro sentimento fortemente construído ao longo de séculos pelo cristianismo. Bom, senhor Exu, ainda não tive a oportunidade de falar com o senhor através dos médiuns, mas espero que essa carta facilite nossa aproximação, porque eu gostaria muito da sua ajuda para me comunicar com os Orixás e seguir o caminho mais efetivo para a realização do meu trabalho aqui nessa Terra. São tempos estranhos. Com a introdução da extrema direita, obscurantista, autoritária e antidemocrática, a partir de 2019 no Brasil, se fortaleceu o já existente racismo contra indígenas, quilombolas e particularmente contra negros e negras e os LGBTQI+, mesmo que a maioria do povo tenha em seu sangue herança africana. A natureza é violentada e explorada sistematicamente em nome do capital. Quero estar a serviço da regeneração. Abra meus caminhos, senhor Exú. Laroyê!

carta 56 | mariana souza

Mariana Souza, nascida em Nilópolis, Baixada Fluminense do Rio de Janeiro, em 2002, onde vive até hoje. Graduanda em Pedagogia pela Unirio, trancista e sonhadora.

O meu legado vem dos meus ancestrais, meu sentido vem dos meus ancestrais, o sangue que me corre é o mesmo. Isso me dá forças para seguir e mudar o curso da vida dentro do que me é permitido. Exú, me dê forças para continuar, encha meu espírito com seu poder e inspiração sagrados para mudar o curso da vida dos que virão e que eu nunca esqueça o que me trouxe até aqui, essa energia vital, o choro, a cura, os sorrisos, as escritas. Todo sentimento que foi perpassado de geração em geração como um rio, nesse exato instante, me inspirando para escrever mais um texto, mesmo quando eu acreditei que não conseguiria nada, quando eu pensei não ser nada e que nada mais faria sentido, você me deu sentido. Você deu sentido aos meus avós, aos meus bisavós e tataravós. E transformou a dor em amor, todo sofrimento em vida, em cura. Me encha de sabedoria e discernimento para que eu passe pela dor e volte muito mais forte, preparada para trazer o amor até aos que me odeiam, que esse amor também esteja junto com a justiça, para que a liberdade de meus ancestrais seja alcançada no meu corpo e no corpo dos que virão nas próximas gerações. Que esse templo que me foi concedido se fortaleça como grandes rochas. Que eu encontre outras almas para caminhar juntamente a mim nessa grande missão chamada vida, que eu confie no meu potencial e no potencial dos meus irmãos, e que, assim, possamos nos encontrar num melhor lugar.

carta 57 | miguel suzarte

Miguel Suzarte nasceu em 2004. Rio, Rio. Faz letras, PUC-Rio. Gosta de sol. Não gosta de frio. É poeta. É escritor. É educado. É educador. Filho de professora com taxista. Não vende fiado, não insista.

Assim que foice e se foi. O rebanho, e o banho, e as preces, e as presas, presas como a carne é presa ao boi. Toco-te porque tocaste a mim, e o eu que sou, honro-te a mim honrando. Apresento-me quando me escondo, destruo quando componho. Sou hermético, e ereto, e ético, e vil e vislumbro, vislumbrando. Sou eu, o Hermes, o não, o irmão, ou o amigo teu. Sou fruto da carne que apodrece da mistura com o deus, o Zeus, que floresce padecido ao panteão. O imortal. O escolhido. O alazão. Eu, Hermes, da mensagem, e da imagem, e da vargem que me fazem de ladrão, endereço-me, assim, aos eus, ao tu, Exu, o comilão. Teço-me aos devaneios teus, os feitos e os em que teu nome farão. Vejo em ti, o mim e o meu, daquele que cresce e que come, que vive e que morreu. Mensageiro que sou, vejo em tu o oráculo do segredo, do medo e da escuridão, do sim e do quase, e que quase nunca quase é não. Somos semelhantes. Mais que o do falo impotente, ou aquele que ergue o tridente, eu, eu, que cruzo as encruzilhadas, justapondo os nossos deuses e a nossa gente, sou tua figura gemelar. Se à Grécia, tu és pátina, à África, tu és pá. Se à terra, tu és divisa, aos terreiros, és tu o que avisa, avista a vista dos sonhos sonhadores. Dor é não poder te encontrar. Paz é ardor aos senhores. Assinado, o grego, o ático, não o Trismegisto, e nem o de Açores.

carta 58 | monike d'alencar

Monike D'Alencar concluiu a Oficina de Criação Literária da PUC RS e do CLIPE, Museu Casa das Rosas, SP. Agraciada com Menção Honrosa pelo Prêmio Cidade de Manaus 2024 por seu livro de contos. Figura na 2a ed. Prêmio Rio de Contos e da 2a ed. Prêmio Conceição Evaristo de Literatura da Mulher Negra.

Com sua licença, Exu, eu peço passagem. Há anos Você me encara, mede as pernas das minhas filhas e diz ainda é cedo, eu me resigno e volto para casa. Contemplo minha menina mais velha a recolher florezinhas na estrada de chão onde há mais de trinta anos era eu quem me inclinava para escolher amores-perfeitos e malmequeres para mamãe. Tenho a sensação perturbadora, como num pesadelo do qual não acordo, de que tudo me é absolutamente familiar e ao mesmo tempo profundamente deslocado. Estamos minha mãe, minhas filhas e eu no mesmo lugar, mas percebo uma fina camada de estranheza, como se nós quatro fôssemos a mesma pessoa no meu corpo, que agora é um país estrangeiro. Sou eu, o eu de quem tento fugir, são todas as desventuras da minha infância, o lamento de minha mãe, o silêncio de meu pai, o barulho de seu cinturão de couro, a lembrança de me abster de respirar para não o incomodar, a certeza de não querer me casar e de não ter filhos sendo gestada e escapando pelo meu útero fecundo com dilatação completa. Cuido das meninas como se toda a minha existência orbitasse nesse objetivo, o da procriação, e enquanto enterro as placentas delas sob as bananeiras, ao lado das guinés e lágrimas de N. Sra que brotaram espontâneas, percebo que estou em pânico. Sinto saudades de casa, onde mamãe calça meias nos meus pezinhos frios, tira cascas e sementes das frutas e me oferece em pedacinhos, a casa onde papai toca o violão enquanto minha irmã e eu nos divertimos girando. Um choro de bebê me alarma e me detenho da tentativa de dormir, acolho meu humor ferino com uma tristeza lancinante. Também estou chorando, vê, Exu? Choro por saudade das noites que escolhi não dormir. Lamento as promessas descumpridas, a velhice de minha mãe, a morte de meu pai, acomodado em um caixão de madeira compensada fina. Choro pela humanidade dos meus pais. Minhas filhas só vão compreender que sou humana quando meus ossos estiverem desgastados, os músculos carcomidos e a bexiga incontinente? Mais uma vez, eu peço licença, me deixe passar. Já não usamos máscaras, o puerpério ficou para trás, as pernas das meninas cresceram. Estou de volta ao trabalho e quero ocupar as ruas. Tenho o útero fecundo de ideias e a necessidade irresistível de parir palavras, mas eu me calo, tenho a língua enroscada, os lábios costurados e me vejo sempre sentada, apoiada na cabeceira da cama, enquanto todos dormem e eu amamento as minhas filhas com as lágrimas de minha mãe.

carta 59 | natara ney

Formada em jornalismo pela PUC-PE. Montadora e roteirista como mais de 20 longas-metragens, séries para tv e diversos videoclipes. A escrita é sustento e amor. No mais, sou filha do nordeste do Brasil.

Que fique escuro, esta é uma carta de amor.

Talvez, entre um adjetivo, verbo ou substantivo, eu reclame e pragueje, mas com amor.

Quem fica comigo na chuva?

Começo a te escrever, pedaços de música saltam na minha cabeça, é você brincando com meu pequeno juízo. Preciso de você aqui... quando a gira girou...

Sou cinza, um cinza deselegante de quem prefere cantos, sombras, lágrimas. Aí vem tu, me sacode, pula na minha frente, imprime sorrisos. Rir, tu me ensinou, eu não sabia não.

Quando danço, é tu fazendo bulir um corpo que dói e pesa, tu faz ele leve, macio. Taí, tu é macio, reto de caráter e me cobra retidão igual.

Eu, pedra, tento um samba desengonçado de quem só quer mexer a bunda e se refestelar em uma nesga de alegria ou garantir um fiapinho de sorriso no final do dia. Encontrei um cobertor que meu deu tanto amor...

O povo te diz malandro, eu te sinto malandragem. São diferentes um do outro, malandragem é tecnologia ancestral. Um amor faz sofrer...

Por vezes penso que deverias me dar colo, afago, mas tu me faz cair, quebrar, puxar da garganta minha um grito — chega, chega. E quando faz isso restaura a raiva que preciso para continuar. Raio, estrela e luar...

Ando cansada amor. Alecrim, lembra? Alecrim, alfazema, vela, arruda. Um punhado de folhas sagradas...

Choro por coisa pouca, feridas antigas sangram do nada, o gosto do sangue vem na boca. Tu me dá cachaça, vira ressaca. Uma dor real que vomito agora. Tu é o dedo na garganta.

Lembro o dia que tu se chegou para perto, veio com o primeiro ar, ainda assim demorei tanto para te chamar de amigo e mais ainda de amor. Vem no miudinho...

As encruzilhadas aparecendo e tu rindo das escolhas, faz erros virarem acertos. Quando não sei para onde ir, retorno para encruza e você está lá. Pela vida inteira... Não aponta caminhos, não julga.

Quando em mim existem apenas vazios, medos, quando tudo se vai, você se chega e fica comigo na chuva. Na chuva tu e eu. Sempre.

Te disse, é uma carta de amor, que fique escrito, te amo profundamente.

Sem tu, eu não era não.

Exu, sigamos juntos.

Laroyê

Tá vendo aquela lua ali no céu?

carta 60 | nathalia augusto

Cria da Pedra de Guaratiba; professora de Língua Portuguesa e Literatura, na SME-RJ e no Pré-Vestibular Comunitário Esperança Garcia; pesquisadora pela UERJ em Literatura Brasileira, com ênfase na autoria e crítica negra; e colaboradora do projeto "LetrasPretas".

Salve, Conhecedor de Encruzas

Laroye, Exu. dá-me licença pra chegar. como já lhe é sabido, aprendi com simas e vez ou outra me digo formada pelas contradições da mistura do lattes com o vira-latas. cria de pedra de guaratiba, guiada por aquelas que gostaria chamar minhas negas-minas: vó e mãe, merendeiras-moradoras de escola-pública, vivi entre a cozinha e as salas de aula. hoje sou professora-pesquisadora de língua.

Seu Gargalhada, protege os meninos que gingam no tempo enquanto vou driblando o sistema na linha da pedagogia das encruzas e na lira de samyn. sabe, Seu Sete, o poema-levante mostra que vamos passar, como diz também cidinha da silva, que anda com Exu em nova york.

nessa peleja, Dono da Gira, pesquiso poesia em nei lopes, que diz ser Elegbara título de Exu no brasil, equivalente ao cubano Eleguá: pra quem firmo na palma da mão a letra todo início e fim de samba. mesmo que não haja lá a canção que, com nego alvaro, toma tudo numa encruza da vila do seu martinho, pra quem kizomba é a boca que tudo come.

abre os caminhos, Homem das Ruas, para conhecer Pombagira e as sete Yabás, mães-rainhas, Yemanjá, Oxum, Obá, Yansã, Nanã e Ewá.

intento, Malandro, percorrer o processo criativo da Flup de modo coletivo, sampleando técnicas palimpsésticas antropofágicas tropicalistas e sambolistas do limabarretismo, do machadismo e do modernismo negrícia e aquilombador dos de 70 e de hoje: cutista, semogista, oswaldista (o de Camargo, mas o outro também) e que se manifesta escrevivente em conceição evaristo.

seu Exu da Linguagem, permita-me morder a palavra sem pressa e escrever como estivesse num mercado a experimentar influenciada pelo avesso e inspirada no pretuguês de lélia e clementina. o todo no mínimo, sabe Seu Marabô? quero juntar amefricanidades - já encruzas transatlanticamente pelas mãos negras de beatriz nascimento - através de contos e crônicas exusíacas que aquilombola literariamente.

aprendi que Seu Sete fecha a conta e presta a conta de dia de noite e de madrugada.

salve Zé, atenda nossas demandas.

me despeço do que tá lá no portão.

Laroyê, Exu, Mojubá

carta 61 | nathália damasceno victoriano

Mestranda em Direito Constitucional pela Universidade Federal Fluminense, Pós-graduada em Direito Penal e Criminologia pela PUC-RS, Graduada em Direito pela Universidade Federal Rural do Rio de Janeiro - UFRRJ.

Laroyê Exú, Exú é Mojubá,

Pode parecer falso, mas eu só tenho o que agradecer. Isso não significa que eu não tenha meus sonhos, desejos, caminhos que gostaria de trilhar, mas que, diante de tudo o que aconteceu na minha vida, eu sei quem é o dono do meu caminho.

Quando a minha mãe faleceu e no aniversário de um ano da sua morte, apenas poucos dias depois do meu aniversário, me relacionei com um evangélico e tive a minha primeira experiência com intolerância religiosa. A mistura entre luto e sentimento de rejeição me colocou em um lugar muito sombrio e foi quando eu estava jogada no chão, chorando, que Exú me direcionou a primeira casa que eu trabalhei como médium. Amava aquele lugar e aprendi muito, mas a mãe de santo começou a sofrer violências psicológicas de seu marido. Ele gritava com ela na frente de todos, a desrespeitava e gritava com a sua entidade. Além disso, ele um dia me colocou em uma sala sozinha para dizer o quanto ele era um homem maravilhoso e ela uma pessoa "ignorante" que só sabia incorporar. Eu chorei muito quando soube no fundo do meu coração que precisava de um lugar tranquilo para me desenvolver o que significava abandonar o lugar que antes era a minha casa e o meu refúgio. Foi nesse momento de dor que eu entendi o que significava na minha vida a frase "Exú é caminho". Caminho é algo que sempre está em constante movimento, apesar de eu ser uma pessoa que preze pela estabilidade, Exú nunca me deixou sem caminhos, nunca me deixou estagnar, nunca me deixou permanecer em terras que não mais rendiam frutos.

Exú então me direcionou para um terreiro que eu posso me desenvolver tranquilamente e onde eu aprendo a cada dia, com cada alegria e com cada dificuldade. Graças à Exú hoje eu faço mestrado em Direito Constitucional na UFF com uma pesquisa empírica sobre as interseções entre racismo religioso, gênero e direito.

Exú destruiu para construir. A minha vida nunca foi o que eu planejei, nunca foi o que queria, mas a vida nunca me deixou na mão e me levou para caminhos que eu nunca acreditei que seria capaz de trilhar.

Laroyê Exú!

carta 62 | patrick josé

Bisneto de Serafim e Cruzvalinda, neto de José e Conceição, Valdemar e Maria. Filho do quilombo de Maria Conga do território Pury de Volta Redonda. Historiador, roteirista, cineasta e escritor. Desde 98 fazendo festa contra a morte, aprendeu com Exu e seu Erê que a arte, como a vida, é incapturável.

Laroyê,

Exu, venho hoje te agradecer sobre uma pedra que o senhor acertou em 2018, num moleque ruim da cabeça e doente do pé. O senhor sabe, eu comecei a gostar dos livros porque sempre fui tortinho, bugadinho, todo troncho, e vi nas páginas irmãos que me diziam, está tudo bem ser assim! Feio, estranho, imperfeito, qualidades que sempre fizeram me achar meio, sem conseguir ser inteiro. Uma falta danada, não conseguia resolver nem com remédios. Disseram para ser mais normalzinho e nada, nada resolvia, e sempre aquela sensação de ter perdido alguma coisa,

alguma coisa infinita.

Lembra aquele 2018, difícil, um meteoro no meio do caminho. Eu tava cansado, com sede, sem chão, perseguido pela mesma sensação e surge um chamado! O primo entregaria um apartamento no RJ e vão o pai e o menino pintá-lo. O menino sempre quis ir à Flip, conhecer os grandes nomes das capas e entrevistas, e o senhor, que faz o erro virar acerto e o acerto virar erro, me contou na telinha: VAI TER FESTAAA.

Meu pai, Exu, o senhor escreve certo por linhas tortas, eu achando que seria só mais uma feira literária e foi a primeira gira do meu mundo. Festa na favela, girou tudo, viramundos, e aquele menino que achou, literatura era só Drummond e Dostoiévski, viu uma Estrela D'Alva disparando flechas, percutindo a palavra do corpo e movimentando a existência. Meu coração-muxima fez a dança de Aluvaiá ao toque do tambor de N'zaze na primeira festa do mundo e, como filho em terra de Congo, brilhou mais do que o sol.

Meu pai, eu re-nasci na Festa Literária da Periferias. Como Adão Ventura, a minha carta de alforria não me deu fazendas, nem dinheiro no banco, nem bigodes retorcidos. Minha carta de alforria, naquela noite quente de 2018, costurou meus passos aos corredores da noite de minha pele. Depois disso encontrei minha comunidade, no terreiro de Maria Conga aprendo todo santo dia minha história, meu corpo, minha palavra. Sem comunidade a gente não se sente inteiro, ser todo é ser parte. Salve, meu pai! Me mantenho incapturável. Como a Flup ensinou, apesar de todo horror, até no Valongo nasce flor.

carta 63 | penha

Meu nome é Penha da Silva Souza Xavier sou filha de mineiro minha mãe era carioca nasci em casa no barro de cavalheiros estudei acabei meus estudos Estou aguardando para fazer faculdade de serviço social sou militante Sou coordenadora de um coletivo todas Unidas!

Certo dia na minha vida eu me via no lugar fechado sofrendo e eu pedia todo dia que pudesse sair daquele lugar o mais rápido possível E aí um certo dia eu vendia eu vendia as coisas que eu Fazia era boneco bolsa jogo de banheiro artesanato em si e aí a moça veio na visita e aí disse que tinha que me dar um recado aí eu falei poxa um recado um recado de quem né aí a filha dela falou Poxa minha mãe tá doida para falar com você para te dar um recado eu falei mas qual é o recado é um recado de Exu que Exu tinha mandado para mim eu falei nossa mas eu nem conheço e a mãe dela trouxe o recado para mim dizendo que Exu tinha falado que ali seria o último lugar que eu ia passar mas aí era Quantas luas né que ele não fala dias ele falou em duas Quantas luas seria para ela e aí ela deduziu que dali eu iria para casa não Exu falou que ali eu ia passar por um outro lugar pior mas que seria a minha ida para casa mas eu tinha que passar por esse lugar e passei hoje eu tô aqui graças primeiramente a Oxalá e Exu hoje eu me encontro bem graças a Deus com a minha família junto com a minha família Exu na minha vida foi tudo Yeshua me deu o caminho que hoje em dia eu tô no caminho estudei Exu é vida é caminho a prosperidade

carta 64 | priscilla raibott

Priscilla Raibott é atriz, formada pela Escola Sesc de Artes Dramáticas, mas atuando no teatro há mais de quinze anos. Como dramaturga suas pesquisas e arte se voltam para a mulher racializada, negritude, o subúrbio carioca, as religiões de matriz africana, a lesbiandade entre outras questões.

Bom dia, Tempo! Zará Tempo!

Ainda é madrugada... Eu te pergunto, Exu, o que há pra hoje???

O que hoje eu vou agradecer e celebrar? Exu, Tu me ensinou que a vida é encruzilhada e que há muitos caminhos a seguir.

Eu aprendi, entendi e assumi, que nenhum caminho é sem volta.

Nada ou quase nada na vida é certeza, eu sei, eu entendi.

Exu, eu não sou. Eu estou. Recuar e entender. Voltar e pegar. Estrategiar. Trocar e comunicar. Oralizar. Eu entendi.

Embora eu saiba que nas esquinas há sempre uma moça de negro e roxo e um camarada de blusa vermelha e branca, eu sou medrosa.

Meu maxilar se tranca até doer os sisos que sobraram quando eu sei que Exu me guia, mas que a decisão é sempre minha.

Os livramentos nesses quase trinta e seis anos me fazem crer que o Senhor, Exu, o Senhor é comigo. E eu falo dos livramentos palpáveis, os livramentos que eu sei. Mas ainda sou grata pelos livramentos que meus ouvidos não ouviram, meus olhos não viram e minha pele não sentiu.

Eu sei que minha maior herança, a melhor que posso ter, é a ancestralidade e a fé que me ficou. Meus velhos já se foram, mas minha fé é pau a pau com a saudade que deixaram.

Perdoa, Exu, toda vez que reclamo que só herdei doença. Que o Pai Obaluaê me perdoe e a mim não desampare. É só meu jeito sacana de tentar lidar com as coisas. Como Malandro um dia me ensinou a ter jogo de cintura e dar a volta por cima. E como Mulambo me ensinou a sempre mostrar meus dentes, seja na alegria ou na raça e no aviso.

Se eu sou porque alguém foi, então é preciso ser, mais uma vez, para que outros alguéns como eu, consigam ser também e que padeçam sempre menos.

Lutar e levantar o pó como o búfalo!

Eu sou minha própria ancestral! Eu te peço, Exu, que meus olhos sempre busquem a luz alaranjada do sol que nasce. E que meus ouvidos não se ensurdeçam diante dos barulhos da cidade. Que minha pele sempre se arrepie ao sentir sua presença, pois tudo isso pra mim é ouro.

Obrigada Exu, por esse dia que se inicia. Por esse ciclo que se inicia. Pelos ciclos que agora se fecham e pelos ciclos que ainda estão por vir.

Laroyê! Exu é Mojubá!

carta 65 | rachel marques carvalho

Nascida no RJ por puro acidente geográfico, Rachel é BAiarenCE pelo corpo todo - ou quase todo. A cabeça é de Yemanjá, mas o coração abriga todos os outros orixás. Sua escrita literária é desafio, assim como a vida (já diria o poeta), por isso se arrisca em páginas impressas ou iluminadas.

Rio de Janeiro, 25 de maio de 2024

Senhor dos caminhos e das encruzilhadas,

Hoje estou aqui, como sempre, para te pedir que guie meus pés e mãos na direção correta. Eu, que sou filha das águas, da Senhora das cabeças, te peço que, em meio às ondas que me balançam, me dê força e firmeza no meu caminhar, para que eu possa, novamente, mergulhar nas profundezas que me compõem e consiga, talvez, emergir e reluzir com minhas formas e cor, enfim.

Tu que és incontornável, inevitável, me ajude nas encruzilhadas das palavras escritas – aquelas que, por muito tempo, buscaram emudecer nossa voz alta-sonora-tambor. Me ajude, Exu, para que minhas grafias sejam mais do que tinta preta em papel; para que o meu grafado seja, enfim, um enegrecer tambor-ancestral. Vibrante. Audível. Espiral.

Ouça meu grito. E grito, pois quero a liberdade de cantar com vozes múltiplas na palidez da folha branca, quero que meu escrito-falado vire palmas e agogô, quero que minhas frases e parágrafos chamem os meus iguais e ganhem curvas e se transformem naquelas rodas-giras altivas que se negam a obedecer ao cronometrado compasso do relógio, pois nosso caminho é outro.

Nosso sentido é outro.

Nosso sentir é outro.

Por isso te peço, Exu, que preencha meus pulmões de força para que eles empurrem de todo meu íntimo o ar capaz de cortar minha garganta em veias fortes-urgentes que se explodem pela boca-som-mundo em palavras e...

E não encontrem pontos

E não encontrem fim

E que não tenham fim,

Então me ajude, Exu, para que meu som-escrito nunca esqueça o caminho de volta nem o seu destino. Para que a brancura em que imprimo minhas vozes nunca me cale ou me cegue. Me ajude, Exu, para que eu nunca me esqueça que sou-somos e que, por isso, falo-falamos, escrevo-escrevemos. Em espiral.

Sem ponto final

Mas me ajude, Exu, para que meus passos nunca deixem de te buscar--encontrar pelos caminhos e encruzilhadas, faladas e rasuradas, sem fim

Nem ponto final,

carta 66 | rainha do verso

Rainha do verso. Estudante de Letras pela UFRJ, é atriz com 28 anos de carreira, cenógrafa, performer, escritora, poeta e slammer. Publicou a antologia brutas flores, tabuleiro de Ficções. Organiza o slam Maré Cheia. É moradora da Maré e na favela retira os elementos da construção de sua obra.

Laroye exu

Sem datas para que eu possa matar meus pássaros de ontem. A tudo dou graças ao senhor das encruzilhada Nessa carta de respeito e gratidão por tudo e tanto. Por ser o Aspiral que norteia minha felicidade. Quando eu me vi perdida, somente tu me guiou pela estrada, somente tu e mais ninguém foi meu guia, numa vida que era só minha, lotada de falsos amigos com muita farra e bebida, minha vida torta e tumultuada, tudo era samba, suor e folia. bastou o mundo desabar em meus ombros, só exu foi minha companhia. Todos sumiram, todos! O samba, a bebida e a folia, ninguém para saber se eu tava morta ou viva , se meu corpo jazia em alguma esquina, da fraqueza e da falta de grana para comida ou da falta de afeto pra me confortar, ninguém pra ouvir que eu queria me matar! seu maleme curou minhas feridas juntou minhas misérias, e me brinda com a ousadia de sorrir! quando lhe ofertei minhas mais profundas dores seu agô livrou-me das demandas, no toque do tambor abriu meus caminhos e me fez ver que nenhum movimento é em vão. meu padê mais sincero bati com as minhas lagrimas mais amargas e misturei tudo com traumas dendê e farinha, Fiz das encruzas o meu lar eu vim de lá, da rua, amparo de indigentes acolhidos por exu cê lembra meu camarada, daquela menina vadia na marquise encolhida ruminando fome e ostentando dor? rei do centro do mundo que do meu fundo de poço, com sua ousadia me livra me protege das demandas. Mesmo que ninguém me enxergue, mesmo que ninguém me regue mesmo que o tempo feche e me deixe presa em banzos ancestrais, A tudo dou graças ao seu nome sobretudo nas pequenas conquistas afinal, um prato de refeição foi apenas um sonho um dia. Do verbo me fiz força, apontando lápis em minhas chagas Pois no seu colo foi que aprendi a remendar feridas profundas com sorrisos sinceros. Por favor promete que nunca sairá de mim, e Eu jurarei nunca lhe renegar e o senhor promete que nunca sairá dos meus caminhos no certo e no errado tô fechada contigo meu amigo, laroye mojubá agô meu amado exu

Rejane Barcelos da Silva

carta 67 | renan vivas zanotto

Mineiro, passei a infância em Brasília, adolescência em Santo André, juventude em Florianópolis, atualmente resido no Rio. Formado em Educação Física, Psicologia Positiva e Nutrição Comportamental, escritor e criador do método Intuição Ativa, atuo como analista de bem-estar e qualidade de vida.

Sarava Exu,

Nosso momento chegou meu pai, o mundo espiritual está mais presente a cada novo dia de conflito aqui na terra, imagino que a demanda de trabalho tenha aumentado para o Senhor. Como bem sabe, venho cumprindo meu serviço espiritual com afinco, com cada vez mais clareza e entrega. Nossa relação está melhor a cada dia e espero que aumente mais minha capacidade de escuta e resposta ao Senhor. Quero agradecê-lo imensamente pelas suas precisas manifestações aos meus pedidos e principalmente por tê-las atendido tão prontamente.

Se algum dia eu duvidei eu sinto muito, dessa vez eu Te senti com tamanha leveza e alegria que sua/minha gargalhada ecoa pelos cantos da minha morada física e metafísica, casa, corpo e alma. Os caminhos estão abertos graças a Você laroyê, o sentimento de gratidão se expande na mesma proporção da responsabilidade. Que os desígnios desta semana sejam precisos e preciosos, prometo honrá-lo.

Enquanto seguimos nossa nova e clara missão, eu Te peço para abrir mais uma porta, a cura do meu feminino. Foram inúmeros os olhares que me fizeram acuar, me encolher e endurecer na vida. Foi assim, hoje eu posso ver que os abusos que sofri me levaram às compulsões e escuridões, mas graças ao meu pai e a você meu Pai, hoje eu sou um homem forte, lúcido e sensível, laroyê.

Como o Senhor sabe, cheguei ao Rio para terminar a última revisão do meu livro. Foi quando surgiu um forte chamado a força do feminino e a deitar pro meu Pai Logun Edé. Não sabendo onde, comecei a procurar. Para minha "surpresa", encontro uma oportunidade de conhecer todo o matriarcado ancestral, estudar sobre as yabás e ainda escrever sobre elas. Essa é a cura que preciso, te peço, abre meus caminhos para encontrar, minha Rainha.

Te rogo a ordem, o equilíbrio e a força. A proteção e direção ao contato com a fonte. Que eu seja a paz e elevação da consciência humana.

Gratidão por lembrar que a alegria é a melhor solução. Que eu seja instrumento da sua vontade.

Laroyê meu Pai

carta 68 | rodrigo dos santos

Preto, cria de São João de Meriti. Rodrigo dos Santos coloca na escrita a possibilidade de mudanças e libertação. Fundou coletivamente o Sarau da VILA Rosali com objetivo de levar para a sua área o que teve acesso em outros lugares. Contista, poeta e aspirante a romancista escrevem para mudar!

Laroye Exu, Salve Nego.

Escrevo essas palavras para expressar o quanto sou grato por mais esse dia e aos caminhos que me trouxeram até aqui. A gente as vezes tem tempo para tudo, menos para agradecer. Não reconhecer toda a trajetória seria ingratidão com você, o responsável pela justiça e retidão no caminho. "o certo é o certo".

Hoje posso dizer que você é o Òrìṣà do caos, da comunicação e da disciplina! E a confirmação é quando vejo o emaranhado que foi a minha vida e aos contraditórios caminhos que me trouxeram até aqui. Quem diria que em meio ao caos de um culto de libertação, em uma pequena igreja Assembleia de Deus em São João de Meriti, no auge do fervor de "gritos de adoração" e "línguas estranhas". Um presbítero diria que recebera uma revelação sobre mim (naquela época com 13 anos de idade), onde eu teria o "dom da comunicação", mas seria fora da igreja. Quem ia entender naquele momento? Dizer que logo eu, o adolescente tímido, que mal falava e nem pensava em sair da igreja, tempos depois sairia quando entendeu que assim como você, também tenho raízes africanas, e assim como a minha, a sua imagem também foi distorcida, desumanizada e demonizada pelo racismo. Outra contradição foi descobrir a biblioteca publica e começar a ler justamente quando fugi da escola (com 16 anos), após ser chamado de bandido pela professora racista. E nesse mesmo período em que eu troquei a escola pelas ruas, você me apresentou o Hip-hop fazendo com que eu voltasse a estudar (por conta própria) e o Rap. através dele eu descobri que eu também poderia me expressar nas poesias e letras que fiz. Olha aí, Nunca foi sorte sempre foi Exu!

Agora eu entendo como você matou um pássaro ontem com uma pedra que lançou hoje. transformando o que os outros viam como um erro, em acerto! Nesse dia 19 de maio, onde Malcolm X faria 99 anos, Um exemplo de uma vida de reinvenções e mudanças. Peço que continue guiando meus passos e que abra nossos caminhos para que nossas palavras sejam caminho para alcançar a quem precisa.

Modupé, Exu!

carta 69 | sara paixão

Mulher negra, carioca da Tijuca, filha de maranhenses, de Oxum e Xangô, mãe do Arthur e jornalista formada pela UERJ. Apaixonada por samba, maracatu, tem o propósito de (re)contar histórias de seus antepassados no jornalismo e na literatura com um viés antirracista, inclusivo e cheio de axé.

Laroyê, Exu! Terminada a segunda-feira. "Deu meia-noite, a lua se escondeu...". Oficialmente, já é terça, ainda dá tempo de dar boa noite pra quem é de boa noite, "gargalhar e pedir com fé para Tranca Rua, que ele dá". Achei que era auspicioso te escrever nessa madrugada. Eu, que sempre me identifiquei com Ogum, descobri no Ifá que precisava colar em você. E, desde a sua chegada na porteira da minha casa, passei a me sentir protegida como nunca, com os passos mais do que encaminhados. E quando não entendia o porquê de encontrar uma porta fechada, logo menos, descobria outra aberta, e caminhos livres para lugares onde não ousava pisar. Enfim, entendi que sem Exu não se faz nada, que só Exu na causa.

Depois que encontrei Exu, aceitei que nunca foi sorte, sempre foi macumba. Compreender que Exu é o Senhor da Comunicação trouxe ainda mais sentido para a escolha do jornalismo como meu ganha-pão. Repórter é do mundo, mas precisa pedir licença ao Dono da Rua. As sensações, a escrita, todas as formas de comunicação ganharam mais vida, molejo e malandragem. A visão foi seduzida por cores vibrantes, e o paladar ficou mais quente e picante. Não à toa, Exu é a boca que tudo come. Por isso, preciso espalhar a Palavra do Senhor Exu, ir de encruzilhada em encruzilhada, savarando (Tranca) rua, pichando paredes com os dizeres só Exu tira a ruindade do coração das pessoas! Quem tem Exu na vida, sabe que quem nos protege não dorme. Que Ele tome à dianteira dessa jornada, que abra meus caminhos para que eu honre quem veio antes de mim, re(contando) as histórias dos nossos.

Exu, se estiver na minha estrada, me ajude a ser aprovada no processo formativo "Yabás, Mães Rainhas", prometo pisar devagar, peço licença e ORÍentação também para escrever sobre a trajetória da yabá Leci Brandão, a quem dedico minha dissertação de mestrado, que tem muita confluência com a formação oferecida pela Flup. Estou sedenta para beber nas fontes desse "saber ancestral", como cunhou Nego Bispo. Me ajude a matar essa sede, Exu! Se aprovada for, será só rajada de Mojubá misturada com axé!

carta 70 | selma maria

Selma Maria da Silva, escritora preta feliz, mãe de Tainá, filha de José Maria da Silva e Olga do Carmo Silva. Portanto, uma mulher preta idosa a tecer linhas e palavras pretas de nós cotidianamente, a cada dia mais apaixonada pela vida.

Salve, mensageiro!

Aprendi a escrever cartas quando era criança e depois desaprendi. Assim que o telefone se tornou o meio de comunicação, em nosso bairro, nós não tínhamos aparelho em casa, as notícias chegavam na padaria, avisos de nascimento, falecimento, inclusive informações sobre consultas médicas. Tínhamos pressa, o castigo já chegava de avião, pois os cavalos deixaram de ser transporte comum.

O tempo passou, minha família conseguiu comprar o telefone. No início, uma festa para todos.

Trazer e levar notícias dizem ser o seu dom, Exu. Então pergunto como faz para gerir tantas mensagens, tantos interesses, tantos desejos e sonhos. Nas encruzilhadas de nossas existências presentificadas em prisões midiáticas

Acredito ser você o ente mais adequado para enviar esta carta, pois vivemos tempos de hiper comunicação, sem, entretanto, nos comunicarmos de forma efetiva, os meios ou melhor as mídias de comunicação estão poluídas pelo descrédito. Neste sentido, cada vez mais crer e acreditar seguem se distanciando, enquanto conceitos fundantes das relações entre nós, pessoas do século XXI.

Eu costumo dizer, sou apaixonada pelas palavras, elas me seduzem, de tal maneira a perder o rumo, deixar me levar, completamente entregue, desprovida e acrítica.

Exu é uma palavra sedutora, sonora, ampla, aquela que te preenche de dentro para fora. Entretanto, ao mesmo tempo me apavora, ao ponto de ficar estupefata frente a tamanha profusão enérgica. Assim, paraliso frente a ela, sem comunicar-me com a comunicação por excelência. Como despir-me de todos os fundamentos e preconceitos externos as minhas sensações entregar-me inteira a Exu, um dos princípios fundantes de nossa ancestralidade múltipla.

Sim, estou assim desejosa e temerosa, porém o desejo falar mais alto e por isso te conhecer intimamente soa como gozo pleno, pretitude poética a derrama-se e transbordar de mim.

Então, te convido, permita que eu te conheça, aconchega-me em teus braços, acalenta com fogo o derrama-se poético de sua energia.

Desejo que aceite o meu convite, já ansiosa preparo-me para ti.

Laroye, Exu!

carta 71 | selminha ray

Escritora, cria de Queimados (RJ), também canta, atua e tem poesias publicadas em antologias como Cadernos Negros. É fundadora do Coletivo Tambografar, graduada em Letras/Literaturas pela UFRRJ e integra a equipe de transcritoras das recentes publicações dos manuscritos de Carolina Maria de Jesus.

Queimados, 20 de maio de 2024.

À Dona dos meus caminhos.

A senhora é mesmo corajosa, né? Passou na frente do moço pra me conduzir nesse processo. Mas num chamamento pra escrever sobre elas, quem seria mais apropriada do que a senhora?

Arreda, homem! Aí vem Exu mulher.

Ainda lembro como se fosse hoje: a senhora chegou pedindo licença porque, ao contrário do que pensam, tem respeito e doutrina. Naquela dança ancestral, tomou meu braço, me sacudiu, arqueou minha coluna e eu me equilibrei nas pernas bambas - não mais nas cordas bambas porque a senhora, antes mesmo de eu me saber sua, esteve comigo.

Que mundo louco esse, né? Bebi da taça da Padilha, bebi da taça da Rosa Negra e foi a senhora quem prometeu cuidar de mim.

Confesso que eu ainda sou pequenininha nesse assunto de saber, mas todos os dias a senhora me mostra que sou grande na feitura do escrever. De usar as palavras como deve ser. Ah, moça... se eles soubessem como funciona essa coisa de obra encomendada, chegariam dando risada e fariam reverência a tudo o que as senhoras dos meus destinos têm feito.

No processo anterior, Oxum me pegou no colo, preparou o rio pra que eu pudesse me banhar de confiança, escrever e publicar meu primeiro conto completo. Hoje a senhora me toma o Ori e escrevo tão rápido que mal acompanho o pensamento.

Mais um processo me aguarda. Esse, mais uma vez, abençoado pelas mãos das yabás. E lá vou eu, a que se viu sem mãe carnal há 2 anos. Foi minha mãe quem me ensinou a desenhar as primeiras letras e a juntar as primeiras palavras. Me reinventei numa escrita tão visceral quanto a de antes depois de sua passagem, encontrando um tantão dela em cada verso. Hoje sei que ela continua cuidando de tudo porque, assim como a senhora, vejo seu rosto quando fecho os olhos no escuro.

É mandinga de espírito antigo...

Ouço o som do sussurro e minha vela estala. Chega a hora de findar essa carta.

À senhora, peço apenas que seja feito o que deve ser feito.

Diga a eles que me chamem pelo nome, moça. A filha de Ogum tá preparada. Quem me capacitou foi Pombagira; dona Mulambo da Estrada.

Laroyê!

carta 72 | sereiano

Colle Christine é uma produtora, antropóloga, multiartista e realizadora audiovisual independente

Para o Sentinela, Guardião da Porteira

Em meio à noite escura da alma, onde o caos dança ao redor de meus passos, eu clamo por tua presença, ó guardião das encruzilhadas, mestre das transmutações. Reconheço tua natureza dual, a energia que traz o movimento, transformação e a renovação.

Tu, que és a própria manifestação do Kaos, do potencial puro e da criatividade primordial, és o catalisador que desafia a ordem estabelecida para gerar a mudança necessária. Tu, cuja boca devora tudo, és o receptor de todas as oferendas, sejam elas positivas ou negativas, transformando o que é obscuro em luz, o que é estagnado em movimento.

Peço tua orientação e proteção enquanto trilho meus próprios caminhos, enfrentando os desafios que o Brasil trauma coloca diante de mim. Que tua sabedoria esteja presente, guiando-me através das encruzilhadas da vida, mostrando-me os atalhos e revelando os segredos ocultos nos mistérios do mergulho.

Que tua chama seja guia no negrume, minha força em noites frias, minha coragem nas incertezas. Em ti confio minha jornada de transmutação e renascimento, sabendo que em cada desordem há a semente de uma nova ordem, em cada kaos, a promessa de uma nova criação.

Com devoção e amor.

carta 73 | sofia hering kvacek

Meu nome é Sofia Hering Kvacek. Sou filha da Ana Maria e do Antônio Sérgio, e irmã do João Pedro e da Manuela. Seu Chico Mineiro é quem tranquiliza e firma meu coração. Sou filha de Vovó Maria Conga do Terreiro Centro Espírita Nossa Senhora da Guia, e graduanda em Psicologia pela UFF.

O fluxo de pensamento, processo em que se forja a união dos fragmentos, concentra no sentir o que está por surgir: 'Qual retalho faz corpo com esse daqui?'

É importante firmar para não desorientar: há um caos que surge desse modo de ser/criar/pesquisar.

Aprender: O ato de registrar é ato de referenciar. De manter o portal vivo para ser acessado e então possibilitar que o novo conhecimento seja costurado. Do gesto da costura, faz-se um grande mistério: O fio que passa não vai embora, mas quando chega eu sei que é hora.

Obedeço a minha memória: Viva

No ritual, tudo é material. Tudo em sua potência carrega o vir a ser, a força de (re)nascer.

Isso é coisa de Encantado

Querer fazer do seu caminho, um percurso sagrado. Redimensionar a história e o horizonte que nos foi usurpado. Quem disse que o que é nosso não pode ser recuperado?

É tempo de reparação

Exu, eu lhe peço, pegue na minha mão?

Eu dou o passo e você me dá o chão.

Quero aprender a costurar a memória na vida,

Estar sob orientação daqueles que consideram a morte enquanto uma Roda Viva.

O processo de conhecer há de ser um gesto de cuidado! Atenção ao mundo que era e agora passa a ser reestruturado. É travessia, é via de passagem: aprender e ensinar é dupla que não se admite separar. Sinto que tenho a contribuir com minha maneira de sentir. É esse o caminho que quero fazer surgir!

O caminho de volta pra casa se faz na estrada -

Chão que conecta à entrada sagrada.

Peço então ao senhor das encruzilhadas que me oriente nessa caminhada. Peço que me embale nesse movimento de entender que não há jeito certo, jeito errado.

Há o jeito do caminho realizado. Aprendizado.

O processo enquanto junção de partes vividas, sonhadas e compartilhadas. Costuradas.

Em prece: Fortalece o horizonte que me faz brotar a raiz no peito, me leva de volta ao rumo do caminho ainda não feito.

Olhos abertos: Onde houver o convite à formação cuidada,

zelada,

respeitada,

pois que eu faça morada na porta de entrada.

carta 74 | sylvia arcuri

Sylvia Arcuri, além de mãe e avó, sou umbandista, professora, costureira e escritora.
Uma mulher de Iemanjá e Xangô.

Carta poema para Exu

Exu
Energia original
Primeira
Comunicação
Tudo, nada
Começo, final
Laroyê
Mojubá

Exu
Mensageiro
Hermes Trimegistro
Caronte
Mago do tarot
Encruzilhada
Laroyê
Mojubá

Exu
Da Estrada
Do Vento
Da Calunga Pequena
Das trancas das ruas
De todos os caminhos
Trilhos, trilhas, linhas e pontes
Laroyê
Mojubá

Exu
Respeito
Abertura
Transformação
União de elementos
Terra
Fogo
Água
Ar
Laroyê
Mojubá

Exu
Resposta
Trabalho
Magia
Laroyê
Mojubá

Exu companhia
Boca que come e vomita mundo

Sylvia Arcuri

carta 75 | valéria nascimento

Valéria Nascimento, jornalista, de Omoloko, mestranda em Cultura e Territorialidades, pesquisadora da cultura afrobrasileira. Seus caminhos como escritora iniciam no 32º livro da Feira Literária das Periferias 'Yabás, Mães e Rainhas' com a permissão de Exu, as bençãos de Oyá e Vovó Maria Conga.

"É Dele transformar, é Dele pôr pra andar"

Sei muito pouco sobre a história de meus ancestrais. Até isso tiraram da gente: a possibilidade de conhecer a nossa árvore genealógica. O que não conseguiram roubar foi a Sua presença na nossa re-existência.

Minha vó Maria José, nascida só 38 anos após 'aquele' 13 de maio, na zona rural da capital fluminense, se viu sozinha no mundo aos quatorze. Quem abriu trincheira para mais uma menina preta lutar e resistir foi o Senhor dos Caminhos, Exú L'Onan.

A preta balançava, mas não caía. Casou, viuvou, perdeu cinco crianças ainda dentro de seu ventre. Casou de novo e, aos 46 anos, realizou o sonho de ser mãe. Ela nunca reverenciou o Senhor. Mas o que seria dessa Maria sem o Seu poder de transformação, sua estratégia de comunicação e de boa troca para lutar pela sua vida e mudar a de todas as próximas gerações?

Sua filha estudiosa, seu orgulho, engravidou adolescente. Mais uma menina da favela mãe. A grande decepção de Dona Maria? Mas que nada! A menina tinha caminho traçado para estar na sala de aula, ensinando meninas e meninos da periferia todo o conhecimento que Maria tanto batalhou para oferecê-la.

Eu sou a descendente da matriarca Maria José, filha de sua filha Alexandra, a mãe-solo-adolescente-periférica-professora. Sou jornalista, sou mestranda, sob a força do Senhor Bárà que rege o meu corpo.

A mim, foi concedido o dom da comunicação e através dele perpetuo o legado de quem veio antes. A minha avó, o jogo de cintura para enfrentar todos os obstáculos impostos a uma menina preta. A minha mãe, o poder de transmitir conhecimento e perspectiva aos que emergem das margens.

Com a felicidade suprema concedida por Odàrà, agradeço ao Senhor Exu, em nome de todas as minhas ancestrais, a cada caminho aberto na vinda, na chegada, na permanência e na continuidade.

Elégbára réwà, a sé awo

carta 76 | vitória machado da costa (preta lírica)

Vitória Machado da Costa/ Preta Lírica é cria da Baixada Fluminense, São João de Meriti. Tem 23 anos e é estudante de Letras/Espanhol pela UERJ. Possui formação como Normalista e se arrisca nos ofícios de escrever e declamar.

Mo júbà, Meu Moço

O encontrei ainda criança, quando eu tinha por volta de uns sete anos. Eu gritava de medo, meus pais me acudiam e assim viramos algumas noites. Ainda, não havia entendido que por meio dos sonhos se ligava à nossa comunicação. Apavorada na adolescência, busquei a ajuda de um padre. Seu Tranca Rua, fiquei sabendo que o senhor também já foi padre, conselheiro para aqueles que buscam direção em um mundo sem sentido. Cresci acreditando que o senhor fosse a má sorte; espantava os gatos pretos dos vizinhos com medo de que fosse a encarnação do mal, porém, o senhor sabe o que é engraçado? Também me despedi das chitas de menina, no momento em que percebi que já não era a minha avó que me banhava em ervas de pinhão, isso, já fazia sozinha, despida em meu corpo de seios de mulher.

Recordo que refleti aos quatorze anos sobre o erotismo que viam em seios de mulher. Não queria ter seios, não queria ser subjugada. Lembro de minha avó que me ensinou a guardar o segredo para o casamento e de uma cigana sem pudor que exibia o fruto da vida em esquinas. Desejava entender o porquê daquelas imagens presentes em tons de preto e vermelho, repletas de sensualidade e travestidas de cartolas, capas, saias rodadas e rosas vermelhas, serem parte das imagens de controle do último país a acabar com a escravidão africana na América Latina.

Carrego a ancestralidade nas veias que perpassam o meu coração. Sou sobrinha-neta de uma preta velha que era mãe de santo, e agora, repousa na eternidade. Acho tão bonito quando reparo o meu corpo a descansar, e também acho belíssimo o homem que me acompanha. Não vejo o seu rosto e nem o seu físico, só sinto que me dá forças para continuar. Volto ao plano em que estou vestida de branco, e o sujeito que vem junto a mim diz que essa união não é sexual. É sagrada. Me beija no topo da cabeça e fala que será o meu protetor que me deu o dom da palavra, como um dos primeiros atos de criança, de poeta e médium de desdobramento.

Laroyê,

ao homem de face desconhecida e de muito axé

que entrecruza os meus caminhos com um:

"Boa noite, moça!"

carta 77 | viviane penha

Mulher preta, filha, mãe e apaixonada pela vida. De alma solar, amante do mar e do pulsar intenso das narrativas que atravessam a minha trajetória. Pedagoga, escritora e professora encantada por histórias de pessoas que enfrentam o mundo com coragem e ousadia.

Boa noite!

Sonhei com Exu em uma linda estrada. Ao acordar, inebriada com a intensidade da energia que me envolvia, vesti meu melhor sorriso para eternizar a força das pombagiras em minha vida:

As três moças que me rodeiam

Caminham pela estrada,

Trabalham no astral

Com dendê e magia aniquilando a maldade

E enfeitiçando os mortais.

Peço com fé e o belo trio responde

Quem é de verdade

E quem não merece consideração.

"Levanta a cabeça, moça!", diz a primeira Maria.

Por ter perambulado no lixo

Ensina que é possível renascer gargalhando dos farrapos

E viver como rainha!

Governar a própria caminhada

Reinar e triunfar diante das traições,
É o conselho da poderosa mulher
Rainha das impossibilidades
Que com sua beleza astuciosa
Abre caminhos e toma conta com ternura
Das filhas que aceitam sua companhia.
Dá licença que Maria Padilha vai passar!
A terceira moça é graciosa e vibrante!
Sua saia colorida e o som dos seus balangandãs
Anunciam a prosperidade daqueles que ouvem os conselhos
Das cartas e das linhas traçadas na palma das mãos.
O que seria de mim sem elas?
Talvez apenas uma mulher sobrevivente
Aprisionada em um corpo forjado e paralisado pela dor,
A menina nunca acolhida pelo amor-próprio.
Mas herdei a realeza que me faz uma rainha mulher
Ostento no Ori uma coroa preciosa
E na vida a proteção de três Pombagiras
Que gargalham e transformam em pó
Aqueles que ousam desafiar o poder do Sagrado Feminino.
Laroyê, Maria Farrapo!
Laroyê, Maria Padilha!
Laroyê, Pombogira Cigana!
Gratidão por permitirem a vida girar
Em uma roda. Divina e profana!

Esta obra foi produzida em Adobe Garamond Pro12
e impresso na Gráfica Trio Digital para a
Editora Malê em novembro de 2024